誰も書けなかった日本の経済損失

経済評論家
上念 司

宝島社

はじめに

多くの人を犠牲にしながら今日も損失が垂れ流される

世の中に存在する問題は、その経済損失の規模と原因がほぼ特定されていて、しかも、その解決策は概ねわかっている。

ところが、なぜか解決策はなかなか採用されず、問題は解決されないまま放置されている。なぜなのか?

その理由を一言で言うなら、問題が解決しないことによって儲けている人々がいるからだ。そして、彼らは絶大な権力を持っている。彼らを「利権を持つ人々」と名づけよう。「利権を持つ人々」は日本のみならず、世界中に存在し、問題解決を妨害している。

もちろん、表向きは問題を解決するために努力しているポーズを取っているので、それを見抜くことが難しい。さらに、彼らは論点をずらしたり、人々を思考停止に追い込んだりすることの天才だ。

財務省が仕掛けた「軽減税率の罠」

例えば、消費税増税を巡る軽減税率の騒動を覚えているだろうか？　ワイドショーは連日「テイクアウトで買ったものをイートインスペースで食べると税率は8％なのか？」といった些末な問題をあげつらっていた。

しかし、問題の本質はそこではない。日銀が物価目標を達成する前に消費税を増税することには大きな経済的リスクがある。端的に言えば、それは日本経済が再びデフレに突入するリスクだ。再デフレとなれば、消費は低迷し、企業収益は悪化。雇用に悪影響が出て、一部の人は経済苦から自殺する。これほど大事な論点を忘れてよいわけがない。

ところが、多くの人が未だに「消費税は社会福祉の充実のために使われ、軽減税率も導入されたので弱者にやさしい」と勘違いしている。これこそが、まさに財務省の仕掛けた「軽減税率の罠」である。

早稲田大学教授の河野勝氏が楽天インサイト社の協力を得て行ったアンケート調査を紹介しよう。この調査は、回答グループを次の3つに分けた上で「税金がどのような政策にどう使われているかについて、関心があるか、ないか」という質問を投げかけ、それに対する回答を分析したものだ。

グループA：税率アップの事実だけを告げて、「今回の税制改革によって、あなたご自身の税負担は今後どうなると思いますか」と尋ねた。

グループB：増税の事実に加えて「しかし、今回は同時に様々な軽減措置がとられ、幅広く消費される品目に関わる税負担を軽減していくことになりました」というフレーズをいれて、同様の質問をした。

グループC：こうした事前質問をさしはさむことなく、関心についての質問に直接答えてもらった。

河野氏は結果について、次のようにコメントしている。

明らかになったのは、自分自身の税負担についてどのような「意識喚起」が促されるかによって、関心の度合いにギャップが生じることだ。(中略)

Aグループの回答者は、Cに比べて平均的な関心の度合いが顕著に高かった。ところが、軽減税率についての情報を与えられたBの回答者の関心度合いは、Cとほぼ同じレベルにとどまったのである。筆者は、この二つの結果のギャップに、民主主義の大前提に照らして、危惧を覚えずにはいられない。［朝日新聞（2019年12月4日）］

負担と給付の割合を複雑化してつながりが見えなくなると、人々の関心は著しく低下する。まさにこれが財務省の狙いだった。そして、公明党があれほどまでに軽減税率にこだわった理由もまさにこれだろう。

消費税は所得の低い人ほど負担が重くなる逆進性を有しているが、今回導入された軽減税率でその逆進性はまったく解消されていない。実は問題はまったく解決していないのだ。この点について、独立行政法人経済産業研究所リサーチアソシエイトの中田大悟氏は、次のように訴えている（中田氏は、一連の消費税批判で経済産業研究所を２０２０年3月末で辞職する予定とのこと）。

軽減税率が実施されれば、レジでの決済時の消費税額が低く表示されます。これは嬉しいことです。ですが、これこそが軽減税率の罠なのです。実際には低所得者対策とはならない制度であるにもかかわらず、あたかも社会的正義にかなった税制であるように錯覚を起こしてしまうからです。自分が得られているお得感は、きっと低所得層も得られているはずだ。だから、これは、所得再分配政策としては理にかなっている。誰でもそう思うのです。その結果、何が起こるでしょうか。一旦、軽減税率が導入されると、それを解消することは政治的に非常に困難になるのです。［ヤフーニュース（２０１８年10月21日）］

軽減税率は財務省の巨大な利権だ。今回の増税においても、さっそく新聞業界が尻尾を振ってすり寄った。２０１４年６月の段階で、すでにこんな動きがあったのだ。

読売新聞社・日本テレビグループに財務省の元高官が相次いで天下っている。６月10日、元財務事務次官の勝栄二郎氏が読売新聞社の監査役に就任したのに続き、６月27日には前財務次官で弁護士の真砂靖氏が日本テレビホールディングス（ＨＤ）と日本テレビ放送網の社外取締役に就任。元財務次官の読売新聞社監査役就任は、丹呉泰健氏（１９７４年入省）に次いで2代連続となる。［プレジデントオンライン（２０１４年7月26日）］

これは「天下りを受け入れて、増税には賛成するんで、軽減税率の対象にしてください」という新聞業界の意思表示である。ここまでガッツリ利権に組み込まれると、それを解消することは難しい。詳しくは第3章で述べるが、消費税増税は日本経済に大きな損失をもたらしているにもかかわらず、政治は何もできないのだ。

損失の背景に「利権を持つ人々」が必ずいる

消費税増税による国民の損失は、財務省の利益になる。この点で財務省は「利権を持つ人々」の一員と言えるだろう。そして、極めて残念なことに「利権を持つ人々」は、全体をよくすることに関心はないのだ。もし財務省が経済全体のパイを大きくして増えた分から利権を得るなら、私はここまで批判しないだろう。しかし、彼らは経済全体のパイを小さくするような愚策を導入しつつ、そこからより大きく利益を得ようとしている。まさに悪魔のような発想だ。

実は、消費税増税に限らず、日本や世界を悩ますさまざまな損失の原因はここにある。背景に必ず存在する「利権を持つ人々」が全体の利益を無視して自己の利益を追求することこそが大問題なのだ。例えば、何かと話題の環境問題、特に地球温暖化についても同じことが言える。この問題をクローズアップすることでぼろ儲けしている人たちがいる。彼らはＮＧＯの仮面を被って、美しい地球を子孫に残そうとキレイごとを言うが、その行動は金儲けそのものだ。その驚くべき実態は、本文で詳しく説明したのでぜひ読んでほしい。

繰り返すが、これら「利権を持つ人々」は全体をよくすることにはまったく関心がない。だから、財務省は東京五輪で得られる多くのメリットを増税によって台なしにしても、何の痛痒《つうよう》も感じない。国土交通省にとってオリンピック利権とは公共事業の利権であり、その後、整備されたインフラや増加した訪日外国人によって民間企業の商売が繁盛することは管轄外だ。その無責任の連鎖が損失の垂れ流しを生むのだ。

本書ではこのほかにも、例えば睡眠不足解消や有給休暇の取得率アップといった実施されればその利益が全体に及ぶ政策についても言及した。もちろん、これらについても「利権を持つ人々」の関心は薄い。そして損失は今日も垂れ流されている。しかも、全体を犠牲にして——。

つまり、全体で見ると本当は損をしているのに、それに気づかない人々が多すぎるということだ。もちろん、「利権を持つ人々」は、それに気づかせないようにさまざまな策を弄している。本書が読者諸君にとって、その策を見破るための一助になれば、筆者として幸甚の極みである。

2019年12月

上念 司

目次

はじめに　多くの人を犠牲にしながら今日も損失が垂れ流される……2

第1章　生活・仕事に蔓延する損失

LOSS 01　サービス残業　長時間労働が横行した結果、多くの社員が……　ノルマ未達成　14

LOSS 02　ダラダラ会議　国内企業の無駄な会議にかけているコストの総額は……　1兆7295億円　23

LOSS 03　奨学金　リスクなき貸し先として金融機関が群がる……　5210億円　32

LOSS 04　ひきこもり　ひきこもり中の人全員が20年間、社会復帰できないことによる損失額……　11兆円　42

LOSS 05　待機児童　出産後の女性が退職することで発生する経済損失は……　12兆円　49

LOSS 06　飲酒　過度な飲酒による社会的な損失額は……　2兆7000億円　56

LOSS 07 喫煙
喫煙者の医療費などの支出は年間で……
2兆500億円 65

LOSS 08 睡眠不足
睡眠不足で起こる病気にかかる医療費は年間で……
8378億円 72

第2章 企業戦略・社会政策がもたらす損失

LOSS 09 東京五輪
東京ビッグサイトが使用不可になる損失額は……
1兆2000億円 82

LOSS 10 NHK受信料
NHKが無駄に貯め込んでいる現金の合計金額は……
6617億円 91

LOSS 11 ネット炎上
ネット炎上保険の支払い上限額は……
1000万円 98

LOSS 12 ネット遮断
日本で1日システムがダウンした時の損失額は……
1兆5400億円 107

LOSS 13 キャッシュレス
セブン・ペイサービス停止で無駄になった投資額は……
140億円 114

LOSS 14
台風
今後10年間の台風・洪水の被害想定額は……
4兆6563億円
123

LOSS 15
ブラックアウト
北海道での2日間の大規模停電の損失額は……
1582億円
131

LOSS 16
空き家
空き家が存在することによる機会損失額は……
4兆2500億円
139

LOSS 17
交通渋滞
全国で1年間に発生する交通渋滞による損失額は……
12兆円
148

LOSS 18
有給休暇未消化
国内企業の年次有給休暇の未取得による損失額は……
12兆円
155

第3章
国家の戦略による損失

LOSS 19
高齢化と年金
2055年時点の日本のGDPは……
1000兆円
164

LOSS 20
消費税増税
2019年10月の消費税増税によって発生した損失は……
4兆円
176

LOSS 21
韓国の不買運動
韓国の日本製品の不買による日本の損失は……
ほぼなし
185

LOSS 22
米中貿易戦争
米中貿易戦争が日本に与える影響は……
ほぼなし
193

LOSS 23
タンカー爆発
原油価格が10ドル上昇するごとに低下する日本の実質GDPは……
0.4〜0.6%
204

LOSS 24
気候変動
平均気温が2℃上昇した場合日本の損失額は……
385兆円
212

おわりに　解決のための情報はタダで転がっている……222

表紙デザイン　坂本達也（株式会社元山）
本文デザイン　佐藤修
編集協力　金丸信丈、佐藤太一（株式会社ループスプロダクション）

第1章

生活・仕事に蔓延する損失

LOSS 01

サービス残業

↓

長時間労働が横行した結果、
多くの社員が……

ノルマ未達成

企業が損する

日本企業は伝統的に社員の忠誠心を重視する。しかし、忠誠心は目に見えない。そこで経営者は労働時間に着目した。しかも、これは労働者にとっても悪い話ではなかった。残業をすれば残業代がもらえる、出世もできる。極めてシンプルなロジックである。高度経済成長期からかなり最近まで、日本の会社員は、次のような価値観が一般的であった。

競争でトップに立つには、働く時間でライバルを圧倒すること。そう考えた服部は、とにかく会社で働きました。夜10時前の退社なんて、上昇志向とやる気がない社員がすることであり、午前さまは当たり前。週に1～2回は徹夜です。そんな翌日でも定時出社する。周りはちゃんと見ているものだし、睡眠時間を削ってでも頑張って仕事を続けること自体に意味がある。彼はそう考えていたのです。

「団塊の世代」の上司も、彼と同様に「残業するヤツが偉いのは、当たり前だろ」という考えで、ウマも合いました。そんな服部への人事評価も高かったようです。30歳にして、同期の先陣を切って課長に昇進。部下も数人持つことになりました。部下にも当然ながら自分と同様の働き方を求めます。［プレジデントオンライン（2017年8月15日）］

―― 密約を守りながら「残業代」を減らした ――

長時間労働が労使間で容認された背景には、暗黙の了解があった。それは、終身雇用を維持する代わりに、残業・転勤させ放題という密約、いわゆる日本型終身雇用である。当事者同士がそれで納得していたから、労働基準監督署も余計な手出しをしなかったのだ。

しかし、両者がそれで納得していることと、その約束が守られることとの間には、大きな開きがある。バブルが崩壊し、その後、政府と日銀による度重なる経済失政によって企業が儲からなくなってくると、その約束は徐々に形骸化していった。

最初に手がつけられたのは、まだ雇われていない人々である。1990年代中ごろから企業は新規採用人数を極端に抑えるようになった。それでも、どうしても人が必要な時はアルバイトや派遣など、この約束の枠外にある非正規の雇用を増やした。しかし、それでも景気悪化に伴う利益の減少には追いつかない。だから、すでに雇っている人の「残業代」を減らした。減らしたのは「残業」ではなく、「残業代」である。給料が支払われない残業、サービス残業が横行したのだ。

ところが、労働基準監督署はサービス残業の取り締まりに及び腰だった。なぜなら、多くの日本人はバブル崩壊後の不景気は一時的なもので、再び日本経済は復活すると考えていたからだ。少し我慢すれば、またあのバブルの時のような好況がよみがえる。多くの人がそう思っていた。だから、必死で終身雇用と残業、転勤の密約を守ったのだ。

―― デフレとなり労働関係訴訟はバブル崩壊前の約5倍に増えた ――

ところが、現実は厳しかった。政府と日銀が経済政策を間違え続けた。最悪のタイミングで消費税は増税され、1998年、ついに物価はマイナスとなり日本経済は本格的なデフレの罠にはまった。デフレとは、物価が2年以上連続して下落する現象だ。日本では、デフレは1998年から始まり、2012年まで続いた。デフレの原因は、モノとお金のバランスが、お金不足によって崩れることだ。

お金が将来的に不足することを見越した人々は、お金を貯め込んで不要不急の消費は差し控えるようになる。その結果、モノが売れなくなり、企業が儲からなくなり、労働者に給料を払えなくなる。懐が寂しくなった人々はますます消費を抑制し、お金を貯め込む。モノはさらに売れなくなり、企業業績は悪化、労働者の賃金は究極までカットされる。

サービス残業が本格的に問題になり始めたのは2000年以降の話だ。すでに、一部企業では、早期退職勧奨どころか、追い出し部屋やパワハラで退職させるような荒っぽい雇用調整も行われていた。

サービス残業とは、このような経済状況において無理やり「暗黙の了解」を守ろうとしたために多発した悪しき労働慣行である。労働法と最低賃金法で許される下限に達した賃金を更に抑え込むために、残業代を払わずに労働者を働かせることで賃金を減らしたのだ。「暗黙の了解」がもう守られる見込みがないと考えた一部の労働者は、一抜けたとばかりに企業に対して逆ギレするようになった。19ページの図は労働関係の民事訴訟事件の件数の推移を表している。途中からグラフが始まる労働審判事件とは、2006年から始まった労働審判制度を利用した訴訟手続きのことだ。これは、労働関係訴訟の急増に対処するために新たに設けられた制度で、日弁連によれば次のようなものである。

2006年4月から労働審判制度が施行された。この手続は、個別労働関係民事紛争を対象として、裁判官1人に労使専門家各1人の計3人で構成される労働審判委員会が、手続の中に調停を組み込み、3回以内の期日での迅速・集中的な解決を実現しようとするものである。［弁護士白書（2018年版）］

バブル崩壊以前に比べて、直近の労働関係訴訟は約5倍、それとほぼ同数の労働審判もあるため、それを加えるとなんと約10倍増だ。2015年12月に電通社員の女性が過労により自殺したことで、労働基準監督署の取り締まりが厳しくなったというのは、多くの経営者が感じていることだろう。

しかし、サービス残業など労働事件に関わる法的なリスクがバブル崩壊以降一貫して高まるなか、最近やっと落ち着いたに過ぎないのだ。サービス残業は違法であり、無理やりやらせれば民事、刑事、両方で大きな訴訟リスクを負うことは明白だ。経営者は忠誠心を

労働関係民事通常訴訟事件数と労働審判事件数の推移

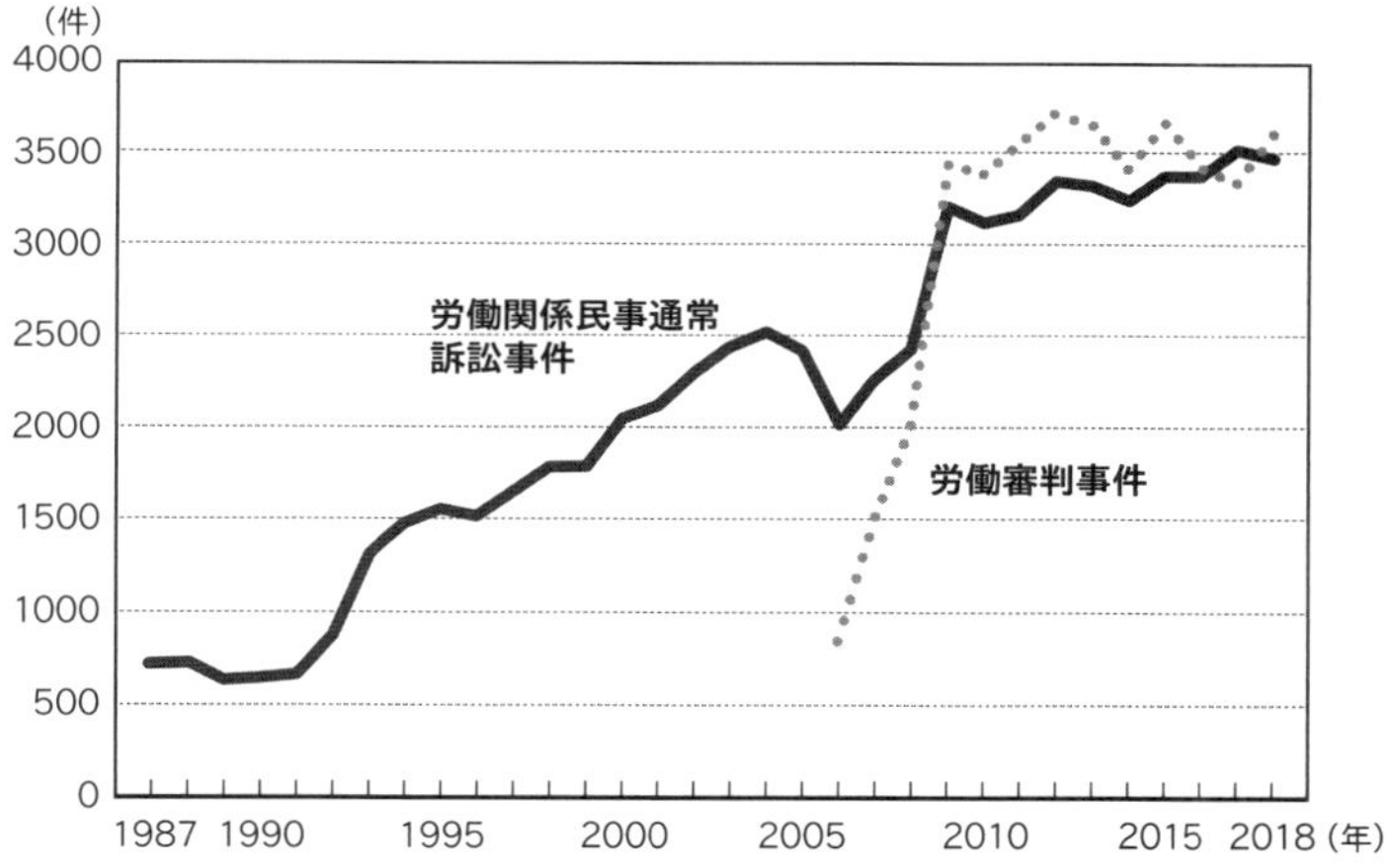

出所：独立行政法人　労働政策研究・研修機構

労働時間で評価するような愚かな考えは捨てた方がよい。

さらに言えば、労働時間の長い社員は、本当に会社に利益を与えているのか、もう一度考えてみる必要がある。

ここに興味深い統計データがある。大阪大学の大竹文雄氏と大阪大学大学院の奥平寛子氏が、大阪大学社会経済研究所「くらしの好みと満足度についてのアンケート」のデータを用いて実証分析を行った。その結果、労働時間の長い人に、あるひとつの傾向があることがわかった。男性に限定した場合、夏休みの宿題を子どものころ後回しにしていた人ほど、60時間以上働く確率が有意に高くなるのだそうだ。

いやなものを後回し行動しやすい人は、仕事も後回し行動をする可能性が高く、長時間労働をすることになりやすい。一度長時間労働をすると、長時間労働に慣れて、それがあまり苦痛でなくなる。その結果ますます長時間労働になる。このような傾向は、労働時間を自分で決めることがより容易である管理職の方に、顕著に現れる。（中略）

男性労働者の中で、後回し行動を取るものが、長時間労働をする傾向が高いこと、長時間労働を行うものは継続的に長時間労働を行うことが多いこと、健康状態がよくなると長時間労働を行う可能性が高くなることが示された。つまり、健康になって長時間労働をするようになるとワーカホリックになりやすく、そうなると健康状態が悪化しても長時間労働を続けてしまうのである。〔独立行政法人経済産業研究所（2008年）〕

同様の傾向は別の調査でも表れている。拓殖大学の佐藤一磨准教授は、4つのパネルデータ（「人的資本形成とワークライフバランスに関する企業・従業員調査（SCE）」、「消費生活に関するパネル調査（JPSC）」、「慶應義塾家計パネル調査（KHPS）」、「日本家計パネル調査（JHPS）」）を用いて、サービス残業の実態とそれに影響を及ぼす要因を検証した。その結果は次の通りである。

男性ではサービス残業をまったくやっていないか、もしくは40時間以上の場合に二極化していることがわかった。また、男性では2期間連続でサービス残業時間が0となる割合や40時間以上となる割合が高いが、女性ではサービス残業時間が0となる割合が高かった。さらに、男性ではサービス残業時間の方が賃金の支払われる残業時間よりもやや大きいが、女性ではこの傾向が必ずしも見られないことがわかった。（中略）

職場環境や上司の状況とサービス残業の関係について分析した結果、突発的な業務、高いノルマや目標、重い責任や権限、そして、周りの人が残っていると退社しにくい環境がサービス残業を増加させることがわかった。また、上司と部下のコミュニケーションがよくとれている場合、上司が部門のメンバー内での情報共有を工夫する場合、そして、上司自身がメリハリをつけた仕事をする場合にサービス残業が減少していた。［独立行政法人経済産業研究所（2019年）］

そもそも、労働時間が長くなる原因は「先送り」に起因している。その先送りは「突発的な業務、高いノルマや目標、重い責任や権限」などによって生じる段取りの悪さが原因だ。突発的な業務がたびたび発生するのは、需要の平準化に失敗しているためだ。高すぎるノルマは経営者が現実を見ていない証拠だ。そして、重すぎる権限は担当者を逡巡させ、精神的な負担を増やす。しかも、その人が先送り体質かどうかは、学校の夏休みの宿題に対する態度で入社前から決まっている。締め切り直前に宿題をやる人が多数派だとするなら、よほど気をつけていないと、日本の職場は全部先送り体質＝長時間労働職場になるのだ。

では、そこで経営者に問いたい。そんな会社が儲かるのか？　サービス残業が常態化する職場はピーク時と平常時の差が激しく、実現不可能なノルマはいつも未達に終わり、経営者が負うべき責任を社員に押しつけている会社だ。絶対にこんな会社は儲からない。

利益を最大化するには、仕事を先送りしない優秀な社員を雇いたいところだが、彼らは圧倒的な少数派だ。先送り体質の社員を教育研修し、仕事を効率化するしかないのだ。そのために、「周りの人が残っていると退社しにくい環境がサービス残業を増加させる」という傾向を逆手に取るべきではないのか。定時になるとみんな帰る、有給は１００％消化、その代わり仕事の時間は無駄話一切なしで全員が集中する。そういう環境をつくれば、社員はその環境に飲まれて見違えるように仕事ができるようになるはずだ。

そのためには、上司と部下の権限、責任をハッキリさせる必要がある。ダラダラサービス残業が横行する会社の機会損失は計り知れない。社員を給料泥棒に追いやっているのは、経営者の責任なのだ。

LOSS 02

ダラダラ会議

↓

国内企業の無駄な会議にかけているコストの総額は……

1兆7295億円損失

２０１７年11月、ビジネスインサイダーは、アメリカにおいて退屈な会議で年間３７０億ドルの損失が出ていると報じた。

この数字の出典はイギリス心理学会である。原典に当たってみると、次のように書かれていた。

・心理学者のスティーブン・G・ローゲルバーグらはアメリカ南東部の195人の従業員と300件以上の会議を調査した。
・会議の参加者は平均で5％が遅刻し、平均37％の会議は開始時間が遅れることがわかった。
・特に、満足度の低い人、良心的でない人、若い人、会議嫌いな人に遅刻は多かった。
・会議の参加者は誰かが遅れて現れた時に、欲求不満、軽視、動揺など、否定的な感情を生じると回答している。
・負の感情は仕事のパフォーマンスに悪影響を与える可能性がある。アメリカで毎日約1100万件の会議が開催されると考えると、年間370億ドルが失われている計算になる。

確かに会議に遅刻してくる人がいれば不快な気分になるが、そのせいで年間370億ドルが失われているとは、にわかに信じがたい。よく読んでみたところ、一番肝心なこの推計については、1989年にJ・H・シェルダンが記した「370億ドルの無駄（原題：A $37 billion waste）」という論文の引用だった。

そこで、さらに原典に当たるべくシェルダンの論文を探したが、インターネット上では入手することができなかった。

おそらくシェルダンは、会議の無駄を直接的な損失と間接的な損失を合算して推計したものと思われる。企業は会議に多額の資金を投資しており、その金額は人件費の7％から15％に相当するそうだ。また会議に出席することでほかの仕事ができなくなることを考えると、会議が非効率的なことで機会損失が生じている可能性が高い。それをどのように推計したかわからないが、合計の損失が370億ドルになったということである。

―― 大企業は無駄な会議で年間15億円損している ――

ひるがえって日本では2018年12月にパーソナル総合研究所と立教大学・中原淳教授が長時間労働についての大規模な調査を行っている。その論文によれば、日本では無駄な会議による損失は従業員数1万人の企業で年間15億円、1500人の企業で2億円に達するそうだ。

この調査は全国20～59歳の正社員1万2000人（上司層1000人×2、メンバー層5000人×2）を対象としてアンケート形式で行われた。調査対象はネットモニターのなかからランダムに6000人ずつ、2回に分けて抽出したとのことである。その結果判明した1週間の会議時間は、次ページの図のようになる。

社内会議・打ち合わせに費やす時間（年間）

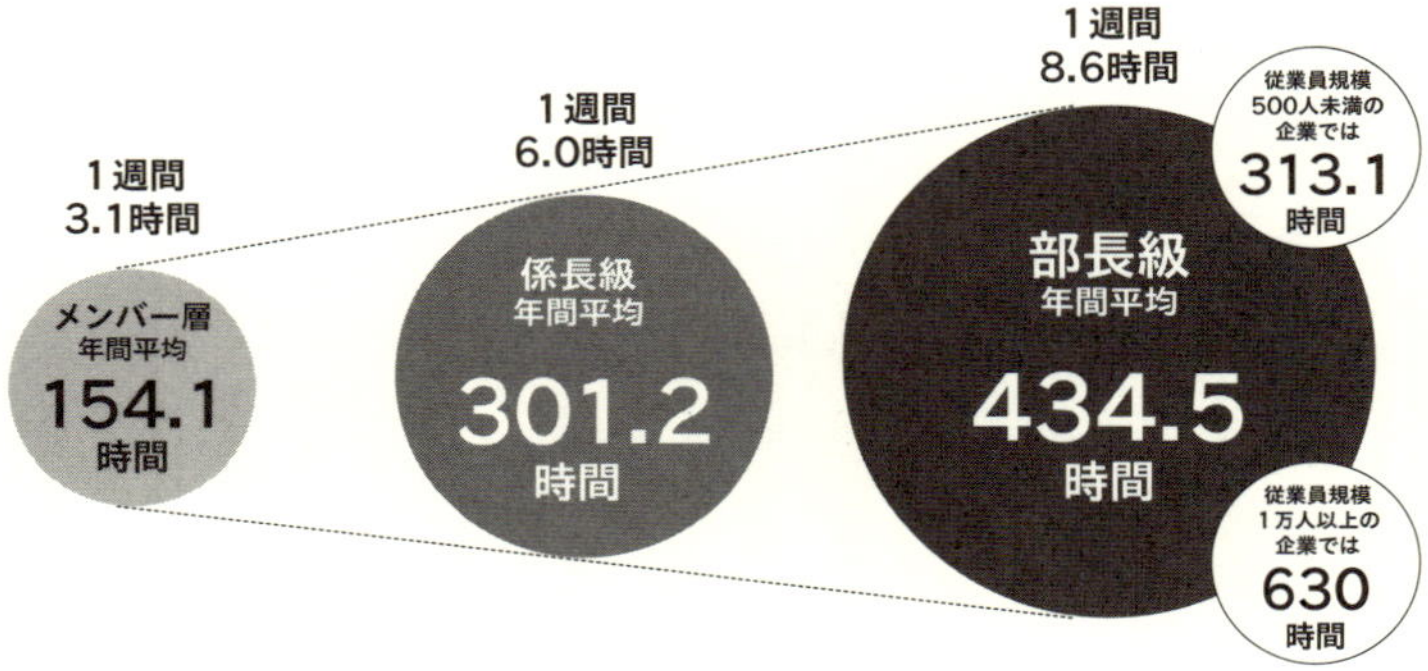

出所：パーソナル総合研究所

上記の数値に会議を無駄だと思っている人の割合を掛け合わせると、1週間当たりの無駄な会議時間が計算できる。ちなみに、その割合はメンバー層で23・3％、上司層で平均27・5％だった。その結果、次のような結論が得られた。

１５００人規模の企業においては、ムダな社内会議時間は年間９万２０００時間（約46人分の年間労働時間に相当）、企業の損失額は年間約２億円になることがわかりました。１万人規模の企業においては、ムダな社内会議時間は年間約67万時間（約３３２人分の年間労働時間に相当）、企業の損失額（ムダに費やしている人件費）は年間約15億円もの規模にのぼります。［パーソナル総合研究所（2018年12月13日）」

――無駄な会議で浪費したコストはアメリカの3分の1強――

この数値をもとに、日本全体の無駄な会議による損失を求めてみよう。計算を行う上で次のような仮定をし、それぞれの数値について調べることにした。

❶従業員1万人以上の企業：1万人ごとに年間15億円の無駄が生じていると仮定
❷従業員数10人以上1万人未満の企業：1500人ごとに年間2億円の無駄が生じていると仮定
❸従業員10人未満の会社：経験上、この規模だと会議をやっている暇はないので除外

ところが、❶の人数を集計するために、「最新！これが正社員数の多いトップ500社だ」（「東洋経済オンライン」2018年4月3日）という記事からデータを引用したところ、大きな問題が生じてしまった。1万人以上の会社に勤務する人の合計が1153万人になってしまったのだ。

なぜこの数値が問題かというと、総務省統計局が調査した300人以上の事業所に勤務する従業員数（2016年）である830万人を上回ってしまうからだ。おそらく、東洋

経済の集計は子会社も含めたグループ全体の従業員数をカウントし、総務省の集計はグループではなく会社単位で集計したために、このような齟齬が生じたのだろう。

とはいえ、経験的には大企業の子会社の場合、どんなに規模が小さくても、そのカルチャーは「官僚的」であり、会議の無駄も1万人以上の規模の会社と変わらないだろう。最大に想定される損失を計算するという意味でも、あえて東洋経済の数字を優先した。

しかし、そうすると今度は❷が従業員数1500人よりもずっと少ない、10人以上100人未満の企業とほぼ同数になってしまった。さすがにこれを1500人規模の企業と同列に扱うのは無理である。そこで、❷も除外して、❶のみのデータを求めることにした。

計算式は以下の通りである。

1153万人÷1万人×15億円＝1兆7295億円

単純に比較はできないが、冒頭に示したアメリカの損失（370億ドル≒約4兆1000億円）と比較すると、3分の1強の数値となった。アメリカはGDPも人口も日本の約3倍なので、この数値はそれなりに根拠があるのかもしれない。とはいえ、純粋な3分の1より、日本の値は3割ほど多い。これが日米の生産性の差なのだろうか？

―― 長時間の会議は何ら業績向上につながらない ――

そもそも、なぜ日本の会社はダラダラ会議をしているのか？　１０００社以上の企業に無駄のない、生産性の高い組織へのマネージメント改革を促してきた、株式会社識学の安藤広大社長は次のように指摘している。

ダラダラ会議が増える理由

・成果評価でなくプロセス評価になっているので、プロセスのアピールと、上司が必要以上にプロセスに介入して指導・アドバイスする時間がかかる。

↓結果、部下は思考停止になり、言われたことだけやるようになります。

・責任者を１人にしていない、もしくは責任者が決めないので合議に時間がかかる。

↓責任者が１人かつ決める人であれば、意見はあくまでも責任者の決断までの情報収集です。決めた瞬間、会議が終わります。

・会議の時間を短くしようとする気がない。

↓人間の錯覚で頭脳を使った時間が長ければ長いほど、同じ利益であってもその利益の価値が高いと感じてしまいます。なので、長い会議をやったことに満足してしまいがちです。

つまり、分担や権限の曖昧さ、そして何よりも時間を使うことでやった気になる錯覚が問題だということだ。どれもサラリーマンなら一度は経験したことがあるものではないか?

しかし、長時間の会議は何ら業績向上につながらない。ジェイアール東海エージェンシーが2016年と2017年に実施した調査によると、会議の多い企業には次のような特徴があったそうだ。

・業績の伸びていない会社ほど会議が長い(1回平均68・2分に対して79・5分)
・従業員数の多い会社ほど会議の回数が多い
・創業年数が古い会社ほど会議の回数が多い

[「ビジネスパーソンの『社内会議』に関する調査」(ジェイアール東海エージェンシー)]

社会的な損失を垂れ流し、会社の業績にひとつもプラスにならないダラダラ会議は、こ

1日平均何回社内会議に参加するか

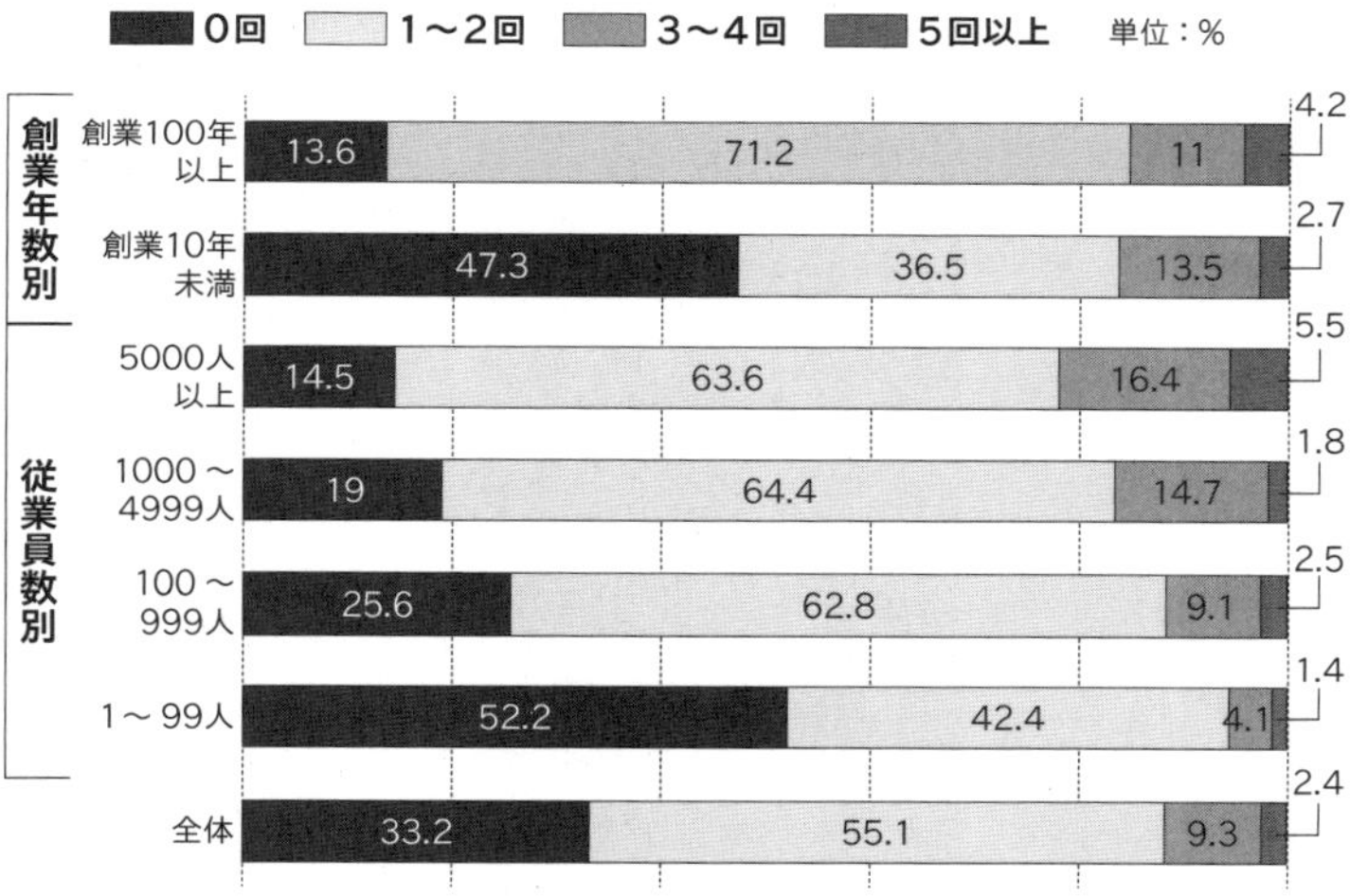

出所：ジェイアール東海エージェンシーのデータをもとに作成

の際、根絶してみてはどうだろうか？少子高齢化が進む日本において、貴重な労働力を無駄な会議で浪費すべきではない。

そのためには経営者自らが旗振り役となって問題解決に取り組むべきだ。日本経済の未来のために、ダラダラ会議を引き継がない決意が今こそ必要である。

LOSS 03

奨学金

リスクなき貸し先として
金融機関が群がる……

5210億円

市場に回らず死蔵する

大学に行くことの最大のメリットは生涯賃金だ。平成30年賃金構造基本統計調査には次ページのようなグラフが掲載されている。一般的に大卒の方が高卒・中卒よりも給料は高い。グラフからも、そのことは一目瞭然だ。

普通にお勤めをして一生を終えるつもりなら大学に行った方がよい。この点について異

学歴・性別・年齢別月の平均賃金

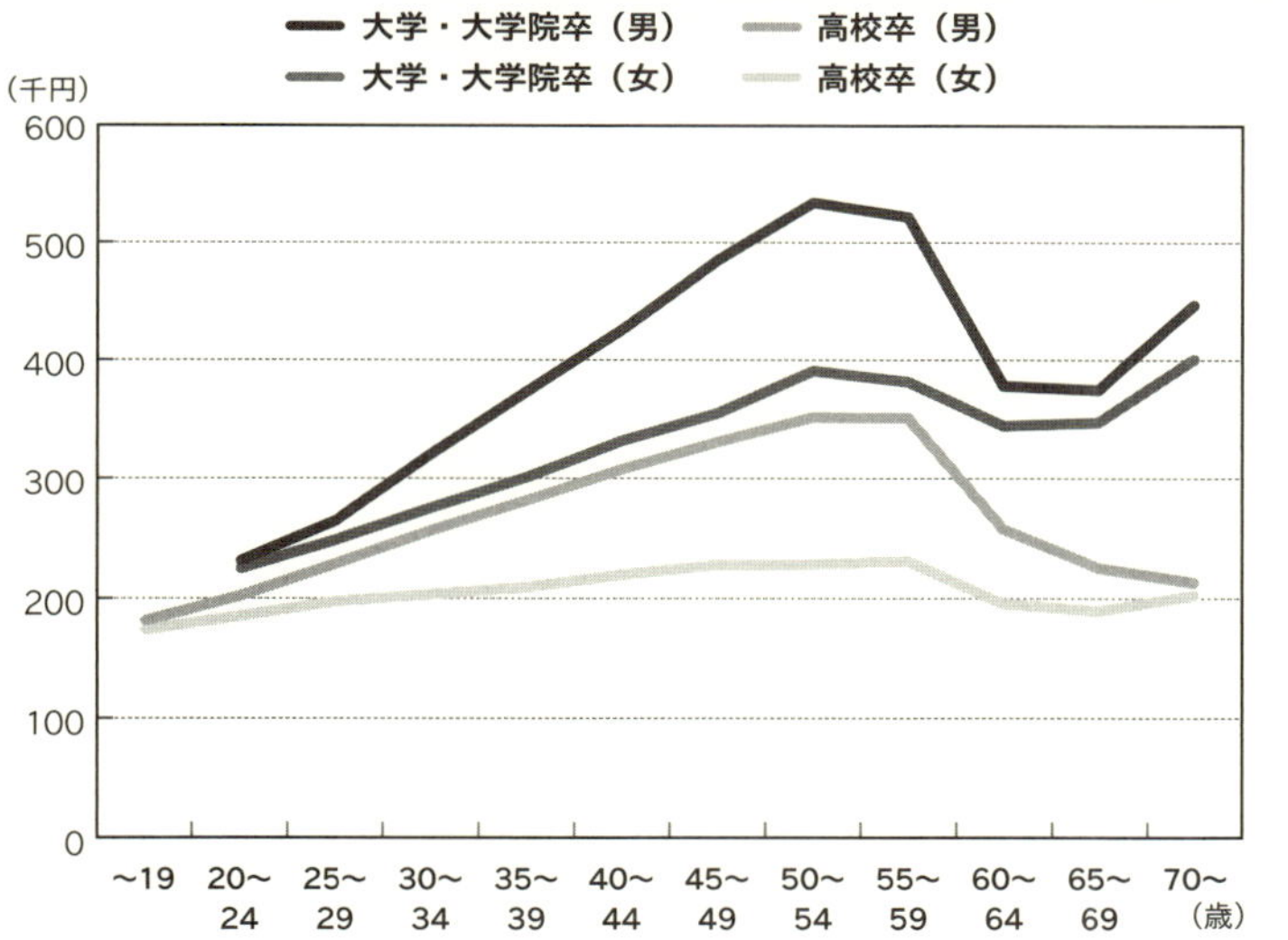

出所：厚生労働省

論はない（今のところは）。

もちろん、筆者のようにリスクを取って起業する場合、話はまったく別だ。

起業した場合、勤め人の世界ではあり得ない確率変動があるので、一概に大卒が有利とは言えない。一流大学を出ていても大失敗して借金を抱える人もいれば、中卒であっても大金持ちになる人もいる。将来、起業家を目指すのであれば、学歴よりももっと大事なことはいくらでもあるし、大学に行くことだけが成功のカギではない。

――生涯年収は高卒と大卒で7000万円の差がある――

しかし、多くの学生は会社に勤めて給料をもらう。平成30年度の学校基本調査によれば、高校卒業後に就職する人は17・5％、大学・短大・専門学校に進学する人が70・7％、一時的な仕事に就いた人、進学も就職もしていない人の割合は計5・7％、その他が6・1％である。大学・短大・専門学校に進学した人をより詳しく見ると、以下の通りである。

大学・短大　54・8％
専門学校　15・9％

では、大学卒業後の進路はどうか？　同調査によれば、それは以下の通りだ。

就職（正規）　74・1％
就職（非正規）　4・5％
進学　11・8％

60歳まで働いたときの生涯賃金（2015年）

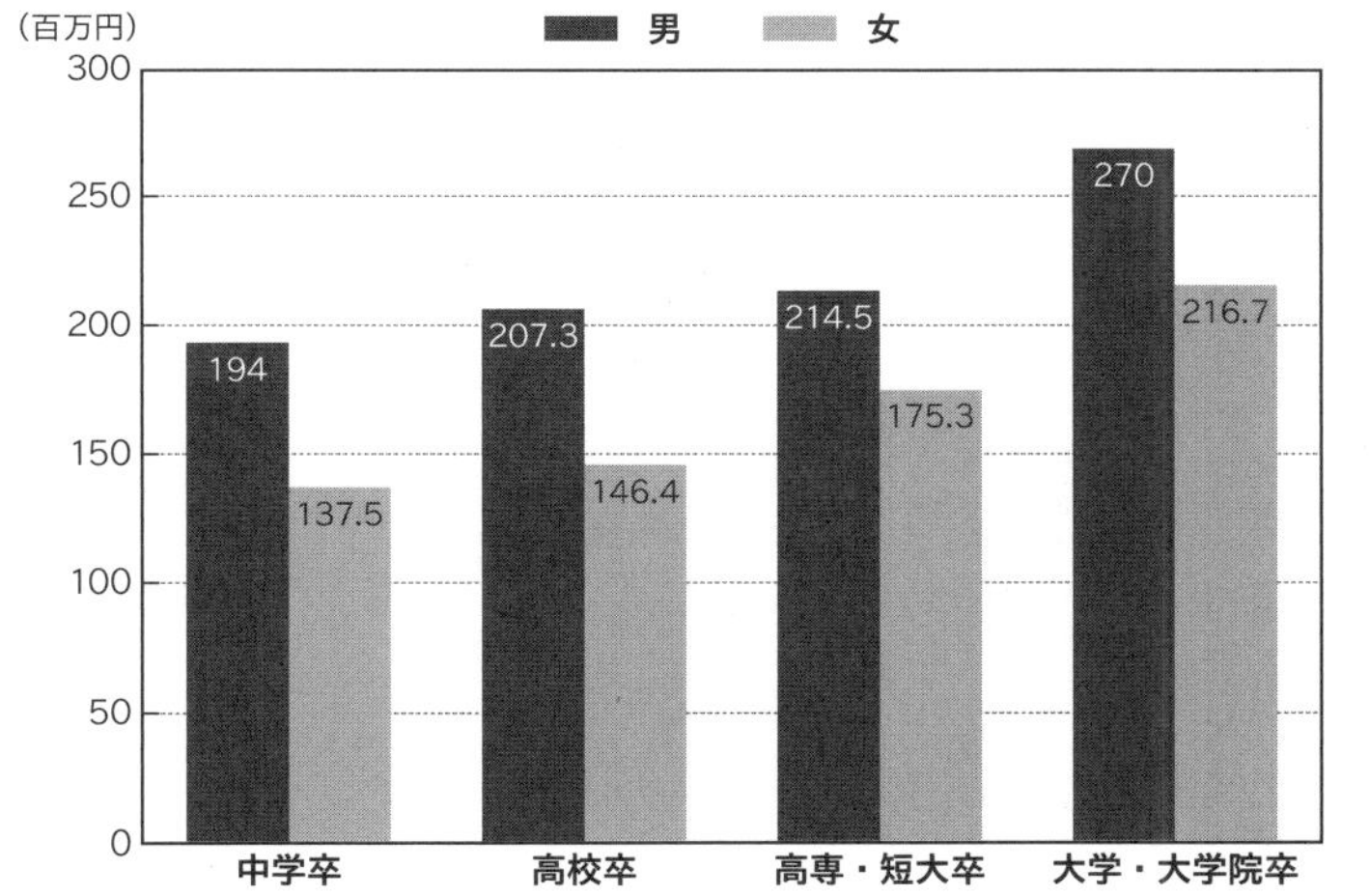

その他　９・５％（注）

２０１９年の高卒者に大学進学後の進路の割合をそのまま当てはめると、次のような結論が得られる。

高卒者の人数を１００とすると、うち50人が大学に進学し、卒業すると37人が正社員として就職し、２人が非正規雇用となり、６人が大学院等に進学する。冒頭に挙げた賃金統計において、給料の面で恩恵を受けるのが、この37人と大学院に進学した６人の合計43人だ。統計によれば、この43人の給料は残りの57人よりも高い（しかし、何度も言うが、これは一生サラリーマンとして生きる場合の話だ）。

注：小数点２位以下を四捨五入しているため、合計が100％にならない。

では、大卒以上とそれ以外では生涯賃金にどれぐらい差があるのか。これもあくまで平均値だが、比較データ（前ページのグラフ）を見てみよう。

この統計によれば、男性の生涯賃金は高卒2億730万円、大卒2億7000万円、女性は高卒1億4640万円、大卒2億1670万円となっている。その差は男性で6270万円、女性で7030万円となっている。単純計算すれば、大学の学費および奨学金の金利がこの差額より少なければ、奨学金をもらっても大学に進学した方が得という話になりそうだ。

ただし、生涯賃金は現時点では受け取っていない未来のお金だ。大学卒業後に不幸にして交通事故などで亡くなってしまえば、大学にかかった出費を取り戻せなくなってしまう。今目の前にある100万円と1年後にもらえる100万円の価値は異なる。仮に金利が1％なら、「1年後に100万円もらえる権利」は約99万99円の価値しかない。

2019年11月末現在、日本国債（30年債）の利回りは0・4％である。これを割引率として大卒生涯賃金の現在価値を計算すると、2億3953万円となる。同様に高卒の生涯賃金の現在価値を計算すると、1億8390万円である。差額は5563万円だった。

労働者福祉中央協議会による最新のアンケート（2019年3月）によると、奨学金の借入総額は平均で324・3万円だった。毎月の返済額は平均で1万6880円である。

ということは、平均的な奨学金を利用して大学進学する限り、そのリターンは10倍以上になる。

とはいえ、借入総額が500万円以上の人も全体の12・4％存在する。そこで、4年間で1000万円の借金をして大学を卒業した場合のトータルコストを計算してみた。金利は5％、返済期間は前述のアンケートの結果に従い15年とする。

1000万円×1・05の10乗＝2078万9282円

返済金額は約2079万円となった。これでも計算上は大学に行った方が3484万円お得だ。独立行政法人日本学生支援機構（旧日本育英会）によれば、有利子奨学金の場合、金利の上限は3％と定められているため、実際には5％という金利はあり得ない。また、現在のマイナス金利環境において、同団体の有利子奨学金の金利は、固定金利型は0・042％、変動金利型は0・002％（いずれも2019年9月現在）となっている。実質的には無利子奨学金に限りなく近い。固定金利の奨学金を1000万円受け取り、15年で返済した場合、返済総額は1006万3186円である。仮に返済が必要な奨学金であったとしても、さらにそれに金利がついていたとしても、それでもまだ大学に進学した方が生涯賃金はお得だ。

―― デフレが再来すれば現在の大学生が割を食う ――

ところが、この計算には死角がある。なぜなら、この計算はある前提に基づいているからだ。その前提とは、奨学金をもらって大学を卒業した人は、少なくともその返済が終わるまで働き続けるということだ。何らかの事情で会社を辞めて収入がゼロになった場合、これまでの計算はすべてパーになる。当たり前だ。過去のデータも平均値もあくまでも全体の傾向であって、これから大学を卒業する各個人の保証にはならないのだ。

就職した会社をリストラされて失業し、再就職もままならないなら、平均月々1万6880円と言われている奨学金の返済は滞ることになるだろう。実際にバブル崩壊以降、日本がデフレに陥ったことで、その問題は深刻化した。デフレとは「リスクを取る持たざる者」に対して特に厳しい。

大学卒業後にデフレが発生するかどうかは、ある意味、運である。個人の力ではどうにもならない。経済政策は政府と中央銀行次第であり、一個人が介入することはほぼ不可能だ。もちろん、選挙により意思表示は可能だが、通常経済政策、特に金融政策が争点となる選挙は珍しい。政治家も票にならない金融政策よりも、公共事業へのバラマキを好むからだ。

２０１９年10月の消費税増税によって日本経済に悪いシグナルが点灯している。企業の業績悪化、消費の低迷に加え、２０２０年度の採用を減らす企業が増加している。特に金融関係は新卒採用数をほぼ半減させたところもあり、就職氷河期が再来してしまう可能性がある。もし、このまま日本にデフレが再来したとしたら、今大学在学中の学生が一番割を食うだろう。逆に、まだ景気がよいうちに高卒で正社員になってしまった同世代の若者はどうだろう。実は彼らは逃げ切れる可能性が高い。奨学金の借金もなく、正社員として長く勤められれば、大卒で失業している人より生涯賃金は高い。また、大卒でも就職難で無理してブラック企業に就職せざるを得ない人が増えるが、彼らはすぐ辞めてしまうので、やはり生涯賃金で見れば長く務める高卒の勝ちだ。

実は、大学に行くよりも、景気がよい時によい会社に正社員として就職してしまった方が得なのではないか？　日本の正社員は解雇が規制されており、よほどのことがない限り定年まで勤められる。逆に、新卒で正社員になれないと、若いうちにさしたる職業スキルが身につかないまま年齢だけを重ねていくことになってしまう。バブル崩壊直後のロスジェネ世代は、そのままもう40代に達してしまった。逆に、バブル崩壊前に高卒で正社員になった人たちはおそらく平均的な生涯賃金を得ただろう。大卒であっても同世代の高卒に確実に負けている。これが現実だ。

一般論、平均値で考えれば大卒の方がお得のように見えるが、個別に見れば必ずしもそうは言えない。おそらく、これが結論ではないだろうか。

── 資金を貸出に回さず奨学金に群がる金融機関 ──

そして、もうひとつ厳しい現実を指摘しておこう。この奨学金を使って儲けている邪《よこしま》な連中がいるのだ。日経新聞は次のように報じている。

（日本学生支援機構が）２０１９年度に実施した５２１０億円の短期借入金の入札に対し、金融機関による応札額は３兆８０００億円強。倍率は７倍を超えた。銀行が列をなして同機構に資金を出すのはなぜか。次代を担う若者に教育の機会を提供する社会的責任を感じているから、という理由は否定しない。長期金利ですらマイナス圏に沈むなか、０％でも悪くない運用先という側面もある。［日本経済新聞（２０１９年10月18日）］

日本の銀行は、学生を支援するために積極的に日本学生支援機構に資金を提供しているのか？　いや、まったく違う。彼らはあり余る資金を本来の業務である貸出に回すことなく、債券や日銀当座預金という形で死蔵している。そして、その「有望な運用先」として日本学生支援機構の短期借入金を狙っているのだ。

日銀がマイナス金利を導入してから、銀行はある一定以上の残高を日銀当座預金に預けると自動的にペナルティ（マイナス金利）を支払わなければならなくなった。これを避けるためには、当座預金から引き出して別の金融商品を買わなければならない。本来ならここで融資を活発にさせればいいのだが、政府が消費税増税を強行し再デフレの懸念が浮上してきたため、そんなリスクが取れなくなっているのだ。

そこで、俄然注目を集めているのが日本学生支援機構の借入金だ。奨学金の返済は取りっぱぐれもないし、そもそもこの団体が文科省ひも付きの天下り先である。いざという時は暗黙の政府保証がある。安心して金を預けていられるため、多くの銀行が群がっているというわけだ。

貧しい若者に教育の機会を与えるという美名の下、裏では大人のどす黒い魂胆が見え隠れしている。奨学金をもらって大学に行くかどうか、その選択は自己責任で！

LOSS 04

ひきこもり

ひきこもり中の人全員が20年間、
社会復帰できないことによる損失額……

11兆円 損失

2018年3月、内閣府ははじめて中高年層まで対象を広げて「ひきこもり」の調査（平成30年度　生活状況に関する調査）を行った。その結果は非常に衝撃的なものだった。日本経済新聞は次のように報じている。

過去にひきこもりの状態にあった期間

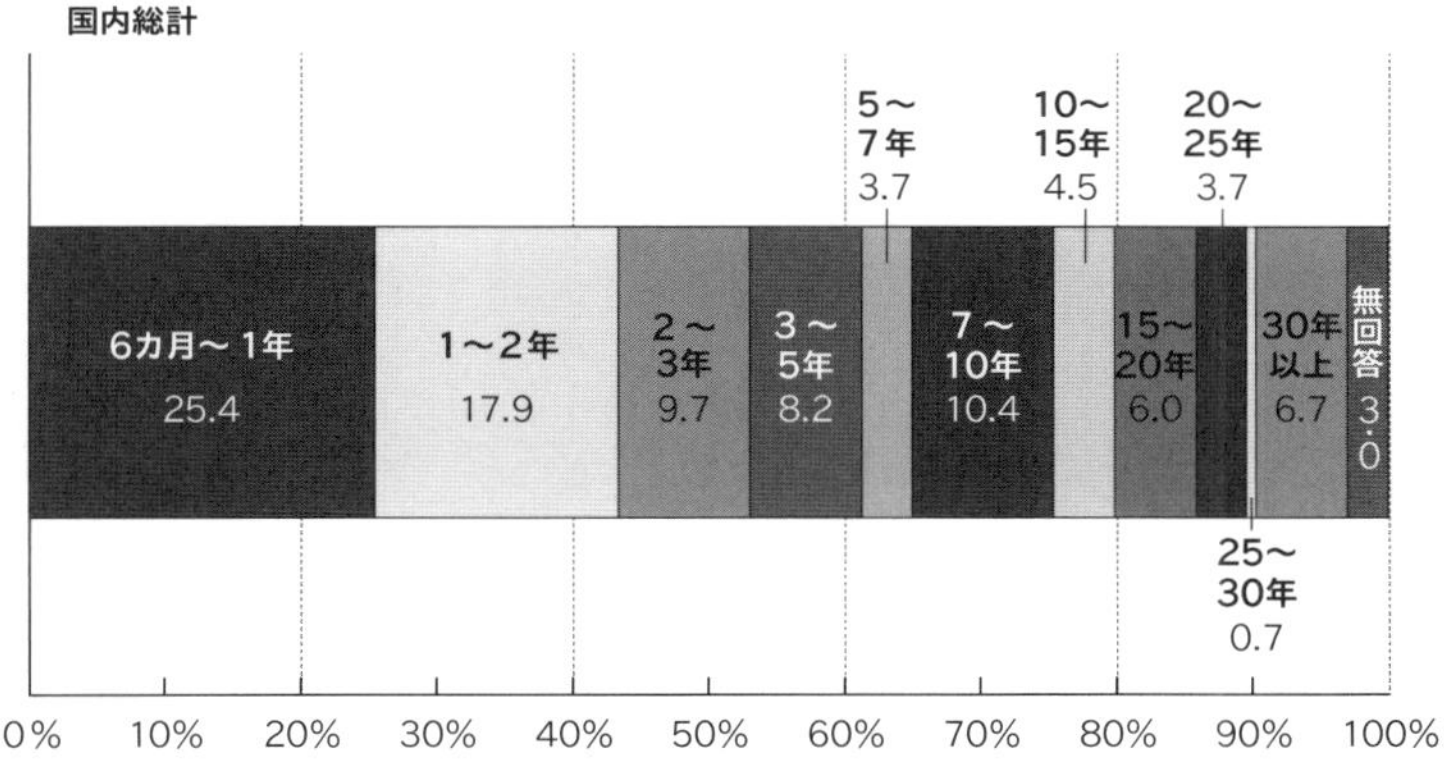

出所：内閣府「平成30年度　生活状況に関する調査」

内閣府は29日、自宅に半年以上閉じこもっている「ひきこもり」の40〜64歳が、全国で推計61万3000人いるとの調査結果を発表した。7割以上が男性で、ひきこもりの期間は7年以上が半数を占めた。15〜39歳の推計54万1000人を上回り、ひきこもりの高齢化、長期化が鮮明になった。中高年層を対象にしたひきこもりの調査は初めて。［日本経済新聞（2019年3月29日）］

「ひきこもり」の社会的損失を推計するにはどうすればよいだろう。いろいろ探してみたが、そのものズバリの先行研究を見つけ出すことはできなかった。その代わり、自殺による社会的損失を推計した統計はたくさん発見することができた。日経新聞は「自殺者が出たことによる経済的な損失額が2015年で推計約4600億円に上ることが23日、厚生労働省研究班の調査でわかった」(内閣府「生活状況に関する調査」)と報じている。

厚生労働省自殺対策推進室によると、この年の自殺者数は2万4025人である。このことから自殺者1人当たりの経済損失は次のように算出することができる。

4600億円÷2万4025人=1914万6722円

大変不謹慎であることを覚悟で、「ひきこもり」になった人を「いないも同然」とみなし、この数字を適用して経済損失を推計してみることにした。ただ、ここにひとつ問題がある。「ひきこもり」を「いないも同然」とみなすが、実際にいないわけではない。冒頭の内閣府の調査によれば、3年以内に社会復帰している人が5割以上いる。

つまり、「復帰」の要素を加味しなければ正しい推計にならない。そこで、内閣府の平成30年度生活状況に関する調査のデータを用いて、ひきこもりと「復帰」の人数を分析してみた。ただし、集計に当たっては以下のような前提に基づいた。

ひきこもりからの復帰率

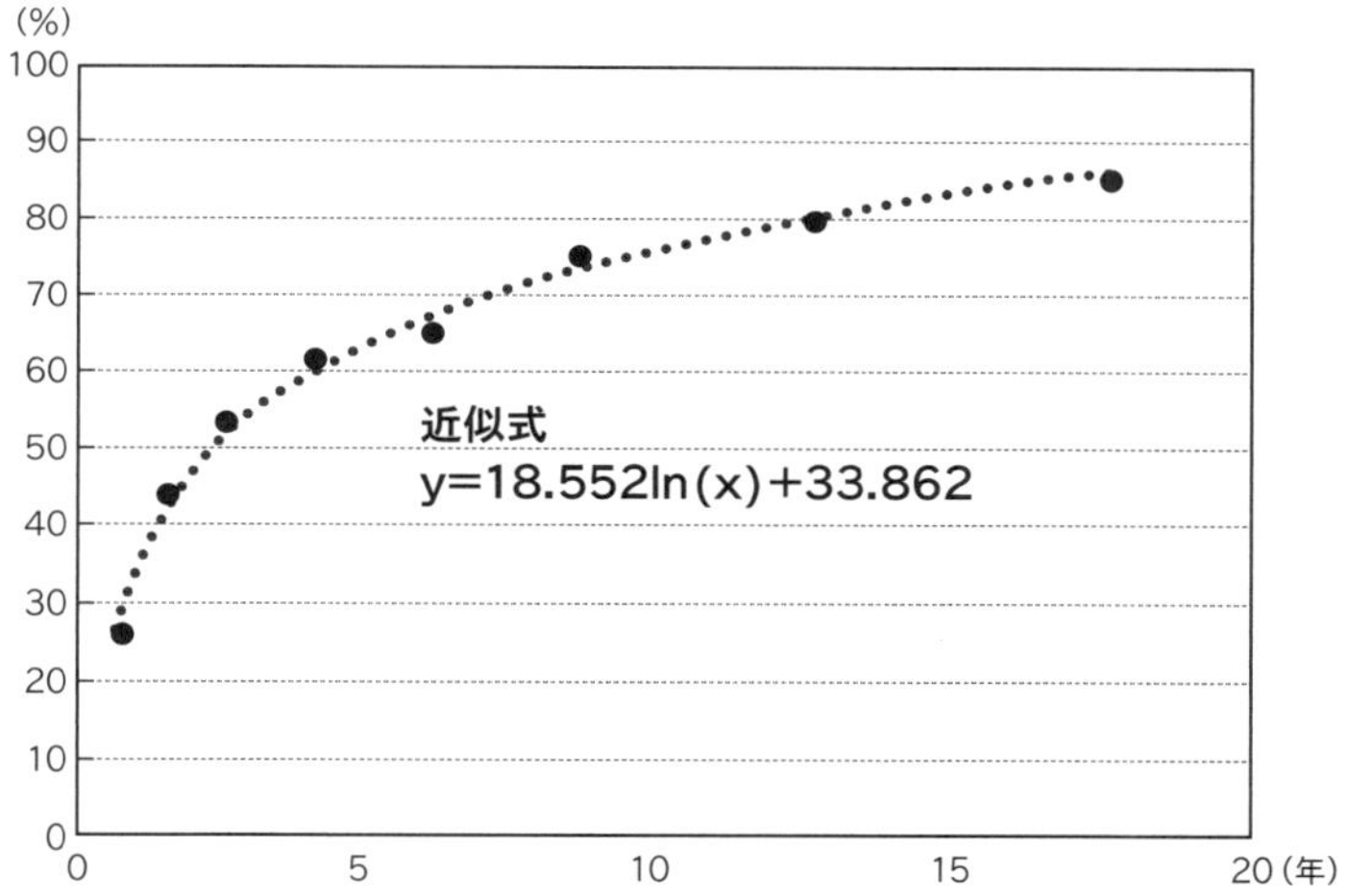

出所：厚生労働省の統計と計算式を利用して筆者がエクセルで作成

❶ひきこもりから20年以内に抜け出した人は「復帰」と認定
❷20年を超えてひきこもっている人は「いないも同然」としてカウント

この前提に基づいて20年未満の復帰率を累積して散布図を作成し、近似曲線を求めた。手計算なら膨大な作業だが、エクセルの関数と描画機能を使えば一瞬だ。結果はグラフの通りである。概ね20年で9割近い「ひきこもり」が社会に復帰することになる。

もし、61万人の「ひきこもり」が全員20年以上ひきこもったままであれば、その損失は約11兆円となる。しかし、20年以内に9割近くが「復帰」するこ

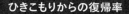

とを加味すると、その損失は約2兆円まで圧縮される。もちろん、ひきこもりから社会復帰して、すぐに前と同じ条件待遇で仕事ができるとは限らない。実際には正社員から非正規社員になって給料が半分になってしまうケースもあるだろう。

また、同調査によれば、ひきこもりのうち何らかの心の病気で通院歴のある人は6％にも上る。その場合、職場復帰がなかなか難しいし、仮に復帰したとしても職場でのストレスから再びひきこもりに戻ってしまうかもしれない。

また、ひきこもりになった理由について、「退職したこと」「就職活動がうまくいかなかったこと」といった、就業できず収入が途絶える状態を理由に挙げる人が非常に多かった。

――物価が2％上がればひきこもりは減る――

こうして見てくると、ひきこもりの問題はキッカケも経済問題、そして社会復帰もまた経済問題であると言えるのではないだろうか。そもそも、景気がよくて就職先がたくさんあれば、就職活動で失敗する確率は下がる。仮に人間関係がイマイチな会社で仕事になじめなかったとしても、転職先がたくさんあれば、いつでもそこから逃げることができる。また、ひきこもりから職場復帰する際も求人がたくさんあれば、当然復帰しやすくなるだろう。復帰した職場でストレスを感じても、やはり求人がたくさんあればストレスの少ない職場に移ることもできる。
つまり、この問題の多くの部分が雇用問題の派生的な現象として説明可能なのだ。社会教育学者の舞田敏彦氏の次のコメントは大変示唆に富んでいる。
65年間の経験的事実（データ）をもとに、失業率（X）と自殺率（Y）の関連を定式化してみる。多項式にすれば精度はやや上がるが、話をわかりやすくするために単純な一次式を用いる。
Y＝１・９４９X＋14・３４５
この式の係数から、失業率（X）が1％上がると、自殺率（Y）は１・９４９上がると推計できる。人口を1億２０００万人と仮定すると、実数でみて年間の自殺者が２３３９人増える計算になる。［Newsweek日本版（２０１９年1月9日）］
自殺をひきこもりに置き換えてもおそらく同様のことが言えるだろう。失業が増えればひきこもりが増える。失業が減ればひきこもりは減る。政府はひきこもり対策と称してカウンセリングなどに予算をつけるかもしれないが、最も大事なことは失業者を増やさないようにすることだ。

ちなみに、失業率と物価上昇率には逆相関の関係がある。物価が上がると失業率は下がる。だから、日銀が2％の物価目標を達成すれば、ひきこもりも自殺も劇的に減少するだろう。金融政策がお金の世界だけの話だと思っている人は考えを改めた方がよい。金融政策は国民の命を救う政策なのである。

最後に、私の身近にいる、ひきこもりから復帰した人について紹介しておこう。その知人は小学校1年生の時から不登校となり、20歳までひきこもりだった。ところが、17歳の時にパソコンとインターネットに出会い、独学でプログラミングを学んで人生が変わった。その後、専門学校を経て、メディア系の会社のWeb部門に就職すると、数年で独立。現在は同世代の平均賃金の軽く3倍以上は稼いでいる。これはレアケースかもしれないが、努力次第ではここまで行く人もいるということだ。

とはいえ、全体的な傾向としては、景気が悪ければひきこもりは増える。そして、経済がデフレに戻って失業が増えるような政策が行われていたら、問題はいつまで経っても解決しない。ひきこもりの問題に福祉政策的なアプローチも大事だが、そもそも問題の根源は何かを考えるべきではないだろうか？

LOSS 05

待機児童

出産後の女性が退職することで
発生する経済損失は……

12兆円
損失

「保育園落ちた日本死ね」という個人のブログ上の言葉が国会で取り上げられるぐらい、待機児童の問題は深刻である（もちろん、子どもが保育園に入れないからといって日本がなくなってよいはずはない。当たり前だが）。

問題の深刻さを数字で把握しておこう。２０１９年４月１日に厚生労働省が発表したところによれば、待機児童数は1万6772人で前年比3123人の減少だった。この2年間で1万人ぐらい減っているのは評価に値する。

待機児童がなぜ問題かというと、女性が子どもを産んで退職・離職してしまうことにつながるからだ。

第一生命経済研究所が、国立社会保障・人口問題研究所「出生動向調査」(2015年)を使って出産退職数を試算したところ、1年間に約20万人(正規雇用7・9万人、非正規雇用11・6万人)の女性が退職していることがわかった。そのことによる経済的な損失は「賃金ベースで6360億円の所得減少となり、名目GDPベースでは1兆1741億円」になるそうだ。

「出生動向調査」は5年に一度実施されるため、現時点で待機児童が減少した効果が女性の退職数に反映しているかどうかはわからない。ほかの方法で代理変数を得られないか探してみたが、政府系のペーパーはほぼすべて「出生動向調査」に依拠しているため、情報をアップデートすることはできなかった。

――待機児童がいなければ12・1兆円の損失を防げる――

待機児童数及び保育所等の利用率の推移

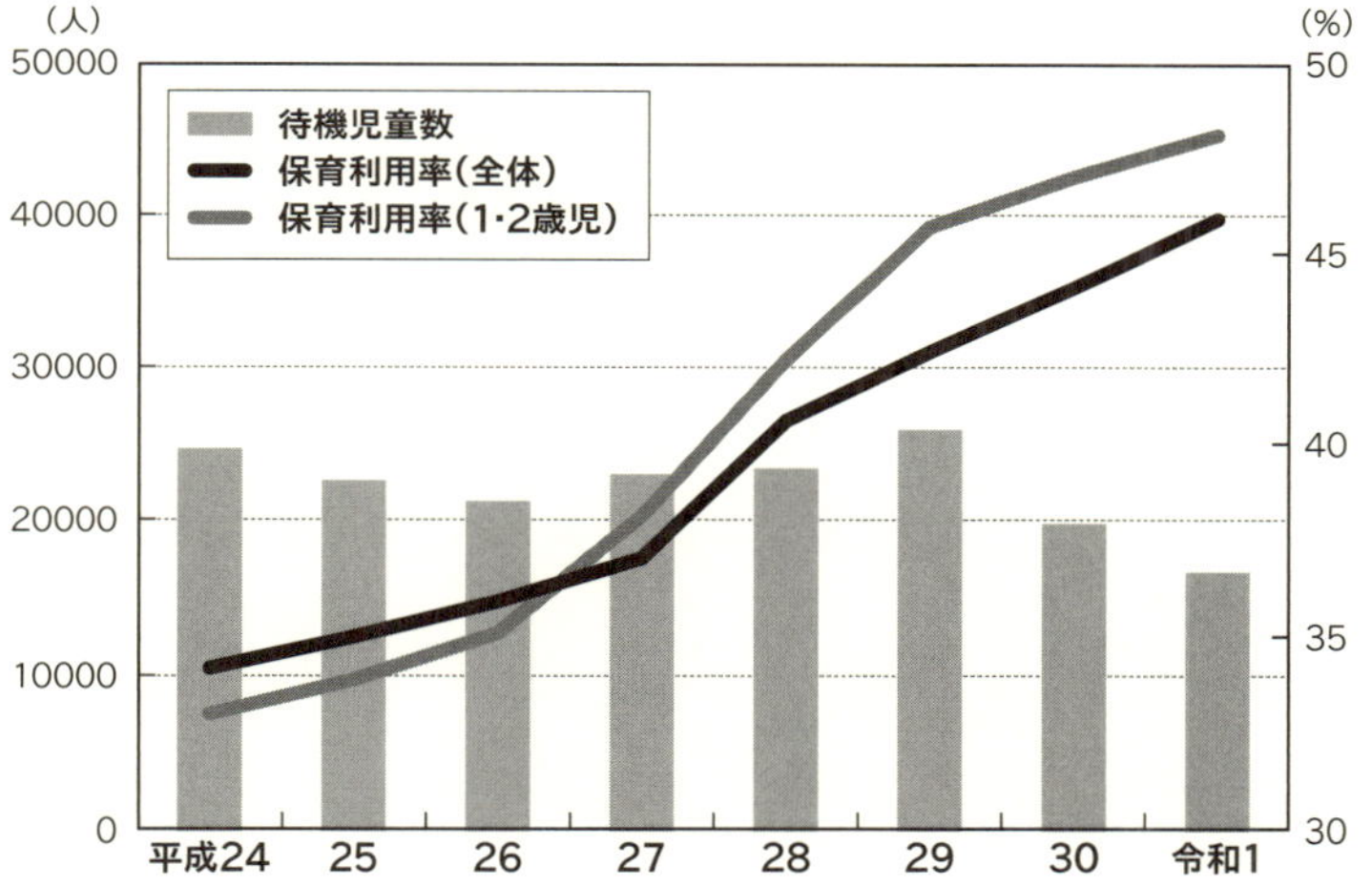

出所：厚生労働省

　とはいえ、保育園に子どもを預ける女性は、仕事をするために預けるのであり、待機児童の減少、および保育園児の増加は、母親の就業数増と対をなしていると考えて問題ないだろう。

　実際に公的保育園の「ポイント制」においても母親の就業は加算要因だ。また最近流行の企業主導型保育園においても、両親の就業は条件となっている。母親が産休や就業中などの例外もあるが、それらも基本的には復職を前提として認められているに過ぎない。つまり、仕組み上、女性が就業しない限り保育園児は増えないわけだ。逆に言えば、待機児童の人数は、働きたくても働けない母親の人数に比例する。

これが減少したということは、おそらく女性の就業が増えていると考えて差し支えないだろう。

仮に、保育園の定員が不足して就業を諦める母親が増えると、どれぐらい経済的な損失が発生するのだろうか？　50ページで引用した第一生命経済研究所は、正規雇用女性7・9万人が30歳で出産退職、40歳になって非正規雇用で復職し60歳まで働いたと仮定して、全体の機会損失を推計している。

このレポートによれば、「6・5兆円の機会費用は、今後約30年間の損失の現在価値とも言える。これを企業活動全体の停滞として捉えると、名目GDPベースで12・1兆円の損失となる。毎年、正社員が7・9万人ずつ出産退職し、将来30年間の潜在成長力が12・1兆円分ずつ失われるとするならば、これは非常に大きな数字となる」とのことだ。

繰り返すが、これはあくまでも女性正社員の結婚退職だけの経済損失である。逆に言えば、この分だけでも保育園の定員がカバーすれば避けることができる損失だ。

――保育園の新設を妨げる「岩盤規制」――

では、なぜ保育園の新設が遅れているのか？　ここには「岩盤規制」の問題がある。日

出産退職による所得減と経済損失

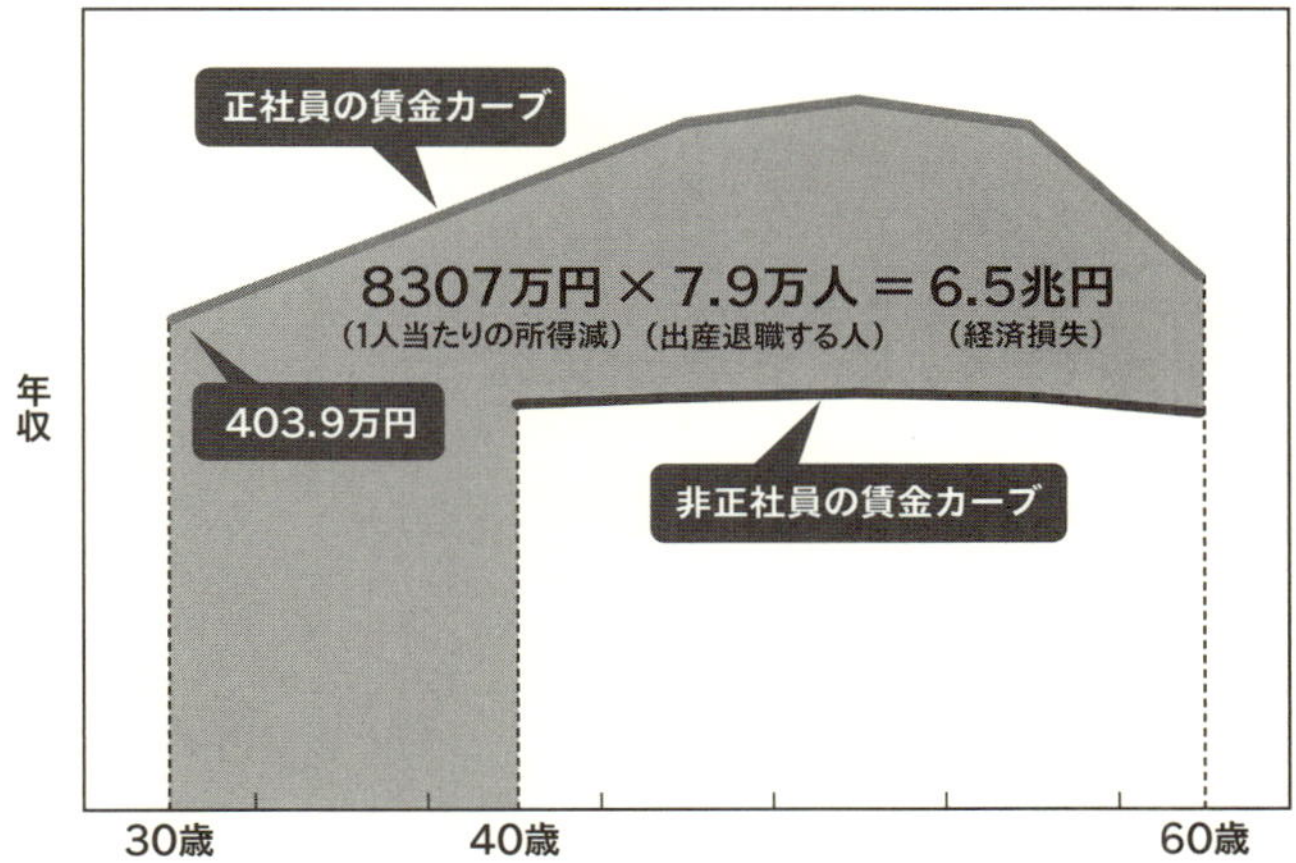

出所：第一生命経済研究所

本の保育行政は縦割りであり、未だに幼稚園との一元化も進んでいない。なんとこの問題は明治時代の帝国議会でも議論されているが、未だに解決していないのだ。

さらに、最大の問題は保育園が巨大な補助金事業である点だ。現在、公立の保育所は支出が収入の4倍もあり、赤字はすべて税金で補てんされている。また、私立であっても認可保育園は9割以上が税金で賄われている。利用者から徴収する保育料は収入全体の3％未満なのだ。最近流行の「企業主導型保育園」も、そもそも「認可保育所並みの公的補助を受けられる」ところが売りであり状況は変わらない。

補助金を得るためには支給基準（規制）を守らねばならない。だから、保育園は自由に付加価値をつけたサービスを提供し、それに課金することはできないのだ。これは価格統制の一種である。しかし、この価格統制に従わないと補助金がもらえない。これこそが問題の本質だ。

なぜなら、これは不公正な競争環境だからである。仮に、この規制に従わず消費者のニーズに合わせた自由なサービスを提供する保育園が新規参入したとしよう。この保育園は補助金をもらっているライバルたちと競争しなければならない。そのライバルたちは補助金をもらうことによって料金を低く抑えている。同じサービスをしても新規参入側はただでさえ高くなるのは自明だ。そこに付加価値を付けたサービスを提供するということは料金がもっと高くなる。

巷に存在する「バイリンガル保育園」「英才教育保育園」といった施設が認可保育園の数倍の料金を徴収している理由はまさにこれだ。そして、彼らが圧倒的な少数派である理由も同じである。

ここで海外の事例を紹介しておこう。

例えば、シンガポールの場合、保育園は料金を自由に設定していいことになっている。そして、補助金は供給者側の保育園ではなく、消費者側の子育て世帯に配られている。いわゆる保育バウチャー制度だ。子育て世帯は補助金の範囲内で通える普通の保育園を選んでもいいし、いくらか上乗せして環境がよいとか、教育がよいとか、サービスの質の高いといった付加価値のある保育園を選んでもうよい。そのため、新規参入も多く、特にこだわりがなければ、すぐに保育園に入れるそうだ。

―― 女性の社会進出だけではGDPは増えない ――

では仮に、日本の保育予算を補助金からバウチャーに切り替え、同時に設置基準の大幅な緩和を行った場合、50ページの第一生命経済研究所によるレポートで指摘されていた「毎年名目GDPベースでは1兆1741億円の損失」は回避されるだろうか？　そうとも言えるし、そうでないとも言える。答えは経済情勢次第だ。

例えば、リーマンショック直後の民主党政権下でのようなあり得ない経済失政が続けば、人々の需要は大きく後退し、日本の生産力は余るだろう。輸出によってその生産力を海外に振り向けられればよいが、世界的な景気後退でそれもままならなかった場合は、生産力は余り、出産後の女性が働こうにも求人がなくて働けない。そうなれば、GDPは増えようがないのだ。

LOSS 06

飲酒

過度な飲酒による
社会的な損失額は……

2兆7000億円
損失

２０１２年に発表された厚生労働省の調査によれば、飲酒による社会的損失は４兆１４８３億円になるという。その内訳は約１兆円が治療にかかる医療費、約１兆円が死亡による労働損失、そして約２兆円が病気による労働損失とのことだ。これに対して、酒税による税収は１兆４６１４億円しかない。この調査では差し引き約２兆７０００億円の損失と

飲酒の社会的コスト

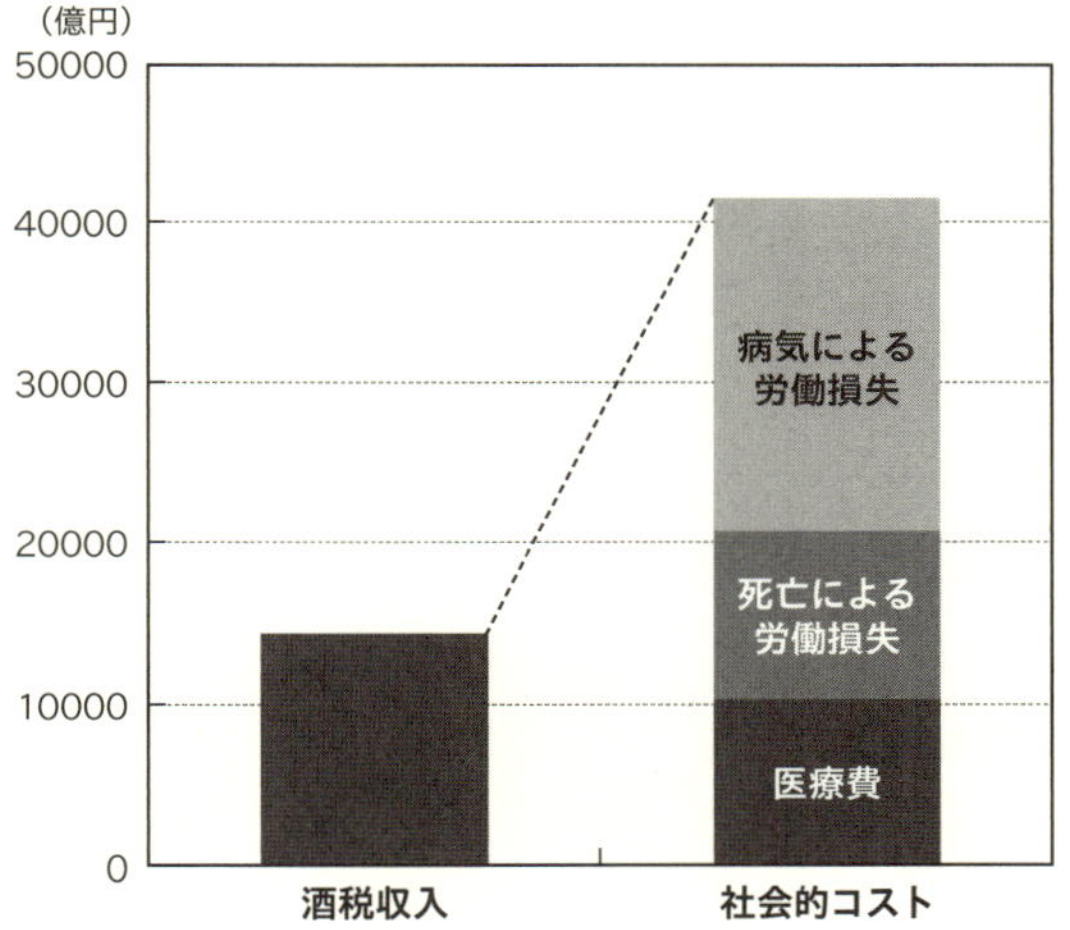

出所：厚生労働科学研究辻班研修会「アルコール対策の進め方」を基に作成

結論づけている（上図参照）。

この調査結果が正しいなら、直ちに禁酒法を制定することが正当化される。果たして信じてよいのだろうか？

昔から少量の飲酒は健康のためによいと言われている。仮にそれが正しいのであれば、少量の飲酒によって病気を免れた人は医療費の削減に貢献していることになる。その利益を損失と相殺しないと本当の社会的損失は推計できないはずだ。

では、本当に少量の飲酒は体によいのか？　この点について、２０１８年に画期的な論文が発表されたと言われている。

「少しのお酒は体にいい」という説を聞いたことがある人もいると思いますが、こうした考え方は専門家の間ではどう捉えられているのでしょう。取材してみると、実はこれまでの説を脅かす論文が発表されていることがわかりました（中略）。

論文は、世界195カ国で実施された592の研究を統合してアルコールの影響を総合的に評価したもので、研究には500人以上の専門家が参加したといいます。

この大規模研究によると、心筋梗塞に限って言えば、やはり少量の飲酒をしている人ほど発症リスクが低いことが確認され、1日における飲酒量が男性で0・83杯、女性で0・92杯でそれぞれリスクが最小になりました。

しかしながら、全体として見ると、飲酒の「良い影響」は限定的でした。

問題は、飲酒によって別の病気が発症する可能性が高まること。たとえ少量であってもお酒を飲めば乳がんや口腔がんなどにかかりやすくなってしまうため、「アルコールによる特定の病気の予防効果はがんの発症リスクで相殺される」と指摘されたのです。

同論文は最終的に、健康への悪影響を最小化する飲酒量は「ゼロ」。つまり、全く飲まないことが健康に最も良いとしました。［医療ライター　庄部勇太（2019年6月28日）］

この論文とは英国の科学雑誌「ランセット」に掲載された「Alcohol use and burden for 195

飲酒量と病気のリスク

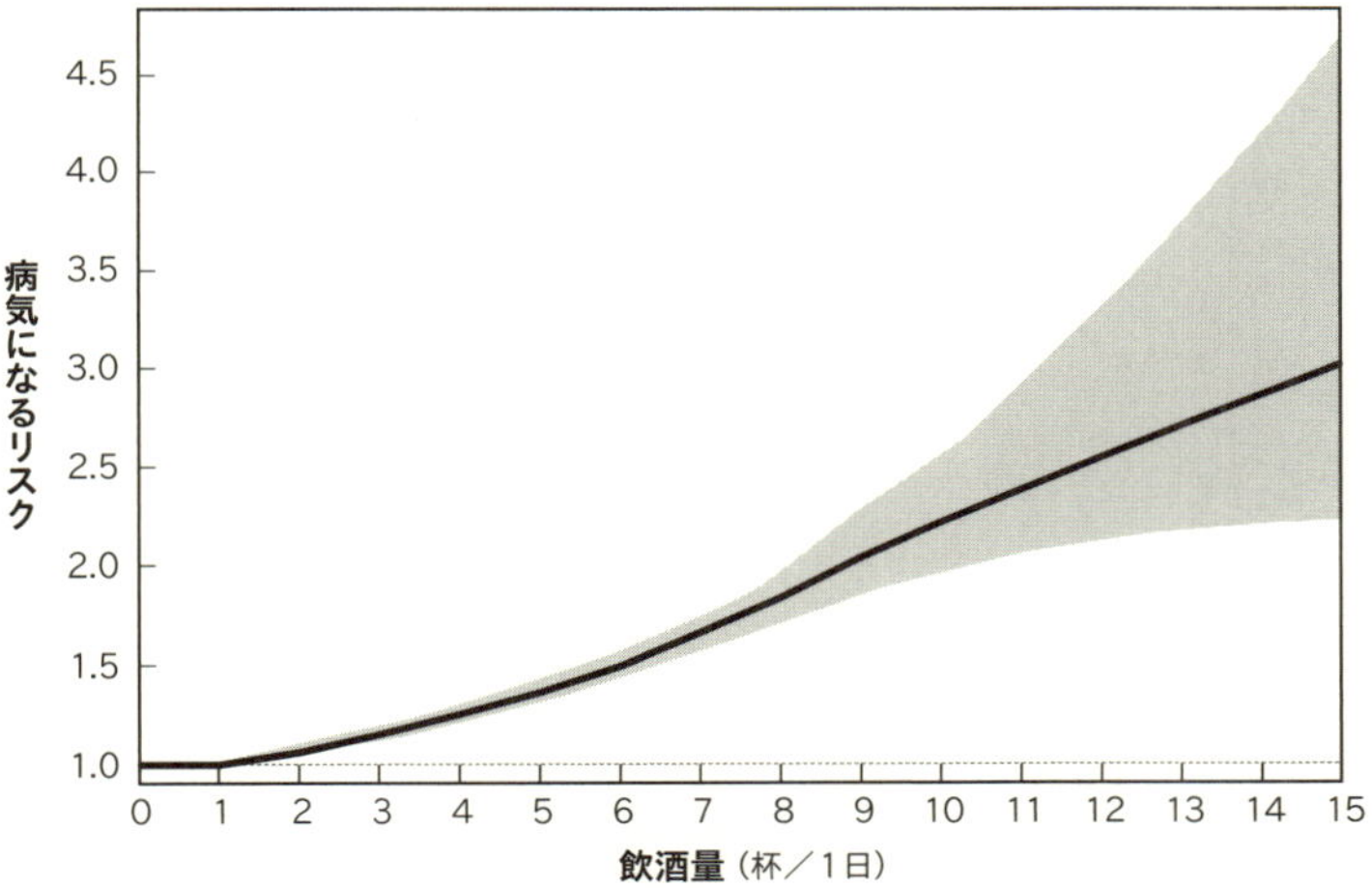

出所：THE LANCET

countries and territories, 1990－2016：a systematic analysis for the Global Burden of Disease Study 2016」のことを指している。発表したのはGBD 2016 Alcohol Collaboratorsという研究グループで、マイクロソフトの創業者であるビル・ゲイツ夫妻の財団から多額の寄付を受けて実施されたプロジェクトだそうだ。

この論文の主旨を一言で要約するなら、上のグラフになる。

ポイントはこのグラフの形だ。1杯目まではほぼ横ばいだが、それ以降グラフはどんどん右肩上がりになっている。これは少量の飲酒では害が小さく、多量の飲酒では大きな害が発生するこ

40〜79歳の男性を対象に行ったコホート研究

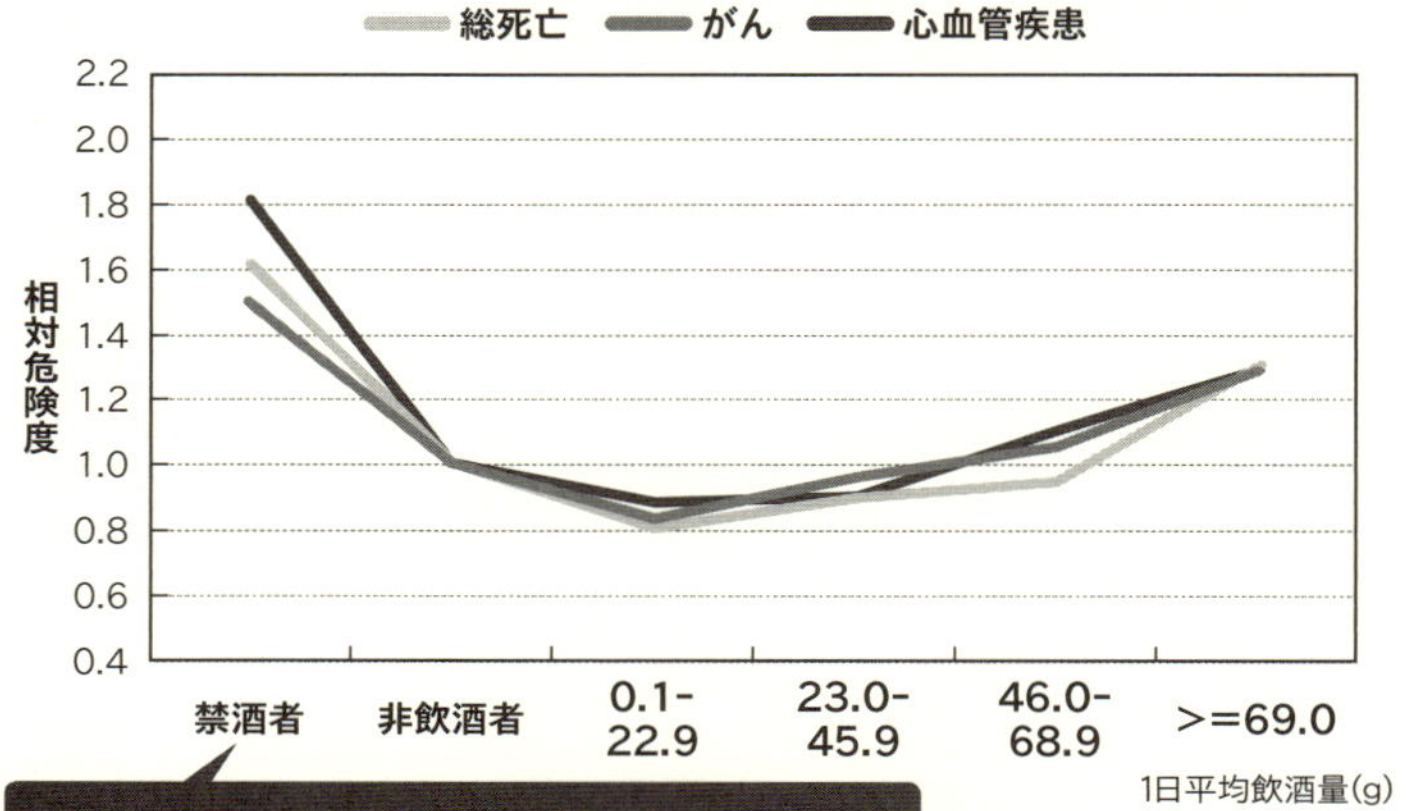

禁酒者とは何らかの形で現在禁酒をしている者のこと。医師から禁酒を命じられているなど、すでに重大な健康問題がある者が多いと推定される。

出所：厚生労働省

とを示唆している。つまり、酒は1杯目から体に悪く「まったく飲まないことが健康によい」という結論が導かれる。

これまで飲酒と健康被害の関係は「Jカーブ」を描くと言われていた。これが少量の飲酒は体によいという根拠になっていたが、今回の研究はそれを完全に否定する内容だった。

ちなみに、「Jカーブ」の先行研究を簡単に紹介しておこう。上のグラフは日本で行われたコホート研究（40〜79歳の男女約11万人を9〜11年追跡調査）の結果を表すものだ。先ほどのグラフと違い、グラフの左端の値が高くなっていることに注目してほしい。この形状がアルファベットのJの字に似ているので「Jカーブ」という。

横軸一番左側の「禁酒者」とは、以前に飲酒していたが、何らかの理由で現在禁酒している人を指す。わざわざ酒をやめるということは、病気や加齢など健康上の問題を抱えている人が多いと推察される。そのため、禁酒者の健康リスクは最も高くなっている。

── 毎日ビール500mlなら問題ない ──

問題は元々飲まない非飲酒者と飲酒者の比較だ。純アルコールで1日平均46g以下の飲酒者は概ね非飲酒者よりも健康リスクが低いことがわかる。これは日本に限らず欧米の研究でもこれまで確認されていた。次ページのグラフは欧米人を対象とした14の研究のメタ分析の結果である。男女とも1日平均19gまでの飲酒者の死亡のリスクは非飲酒者よりも低くなっていることが確認できる。

ランセットの論文は、これら先行研究とは相いれない結論となった。いったいどっちが正しいのか？

英国の医療統計学者のアダム・ジェイコブズ氏はランセットの論文を批判している。ランセットの論文では、リスクを推計する上でとても重要な疾病ごとのウエイトが明示され

欧米人を対象とした飲酒と死亡リスクの研究結果

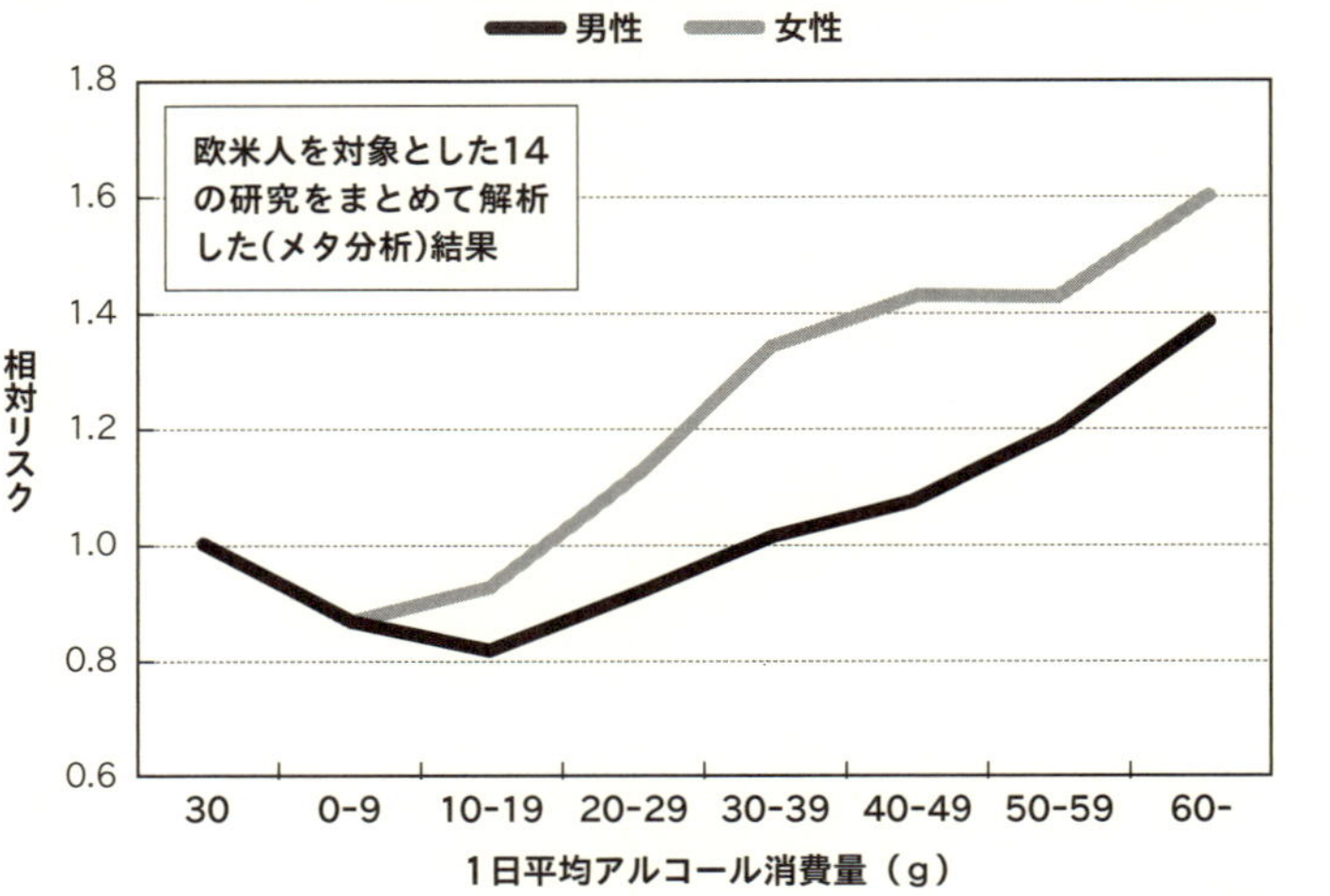

出所：厚生労働省

ていないからだ。

実際に、疾患の相対的な重要性は国によって大きく異なり、例えば結核による死亡は、モザンビークでは10万人当たり73人であるのに対して、日本では1・5人である。この点が不明瞭であれば、ランセットの論文は検証のしようがない。

さらに、ジェイコブズ氏は全体的なリスクを計算する方法として、開示している数式に欠陥があると指摘している。私がジェイコブズ氏本人に直接伺ったところによると、「まったく同じ式を使用して研究を再分析しようとすると、困難に直面することはほぼ間違いない」とのことだ。再検証が難しいということは信ぴょう性にも問題がある。

また、仮にこの論文の主張が正しいとしても、健康への影響は軽微だとの指摘もある。先ほどのグラフを見ると、1日1ユニット（アルコールの量で10g）までの飲酒ではリスクはほぼ横ばいになっている。プレスリリース（23-AUG-2018 The Lancet: Alcohol is associated with 2.8 million deaths each year worldwide [EurekAlert（2018年8月23日）]）によると、0杯と1杯の差は1年で10万人当たり4名のアルコール疾患の増加につながるとのことだ。

これは別の言い方をすると、「10万人が毎日ビール500mlを飲み続けると、2万5000人に1人が本来ならなくてもいいアルコール疾患にかかる」ということだ。この点を指摘したケンブリッジ大学統計研究所のデビッド・シュピーゲルハルター教授は、それが極めて低いリスクであると述べている。

またこの点に関連して、医療政策に詳しいカリフォルニア大学ロサンゼルス校の津川友介助教授も次のように述べている。

病気ごとで見てみると、心筋梗塞に関しては、少量の飲酒をしている人ほどリスクが低く（男性では0・83杯／1日、女性では0・92杯／1日の飲酒している人で最もリスクが低かった）、ある程度以上になるとリスクが高くなるのがわかる。一方で、女性のデータを見ると乳がんや結核は、少量からリスクが上昇しているのがわかる。男性のデータもほぼ同じパターンであった（男性の場合は乳がんの代わりに口腔がんのリスク上昇が認められた）。

つまり、1日1杯程度の少量のアルコールの場合、心筋梗塞や糖尿病のリスクが低いことと、乳がんや結核（そしてアルコールに関連した交通事故や外傷）のリスクが高いことが打ち消しあって、病気のリスクは変わらないという結果になっていると考えられる。［東洋経済オンライン（2018年9月1日）］

毎日ビール500ml程度の飲酒であれば、アルコールによる健康被害にはつながりそうにない。そう考えると、冒頭で紹介した飲酒による社会的損失とは、正確には「過度な飲酒による社会的損失」ということになるのではないだろうか。ならば、禁酒法の制定は必要なさそうだ。

酒は飲んでも飲まれるな。結局、親父の小言に戻ってしまった。

LOSS 07

喫煙

喫煙者の医療費などの
支出は年間で……

2兆500億円
損失

喫煙によって経済損失が出るか出ないかは、たばこが本当に健康に悪いのかどうか、ガンやほかの病気との因果関係があるのかどうかにかかっている。もし、たばこがガンやほかの病気のリスクを高めないのであれば、その損失は喫煙する時間分仕事をサボることぐらいに限定される。

それどころか、喫煙によって生産性が上がるなら、サボった分と相殺して損失はゼロになるかもしれない。

――JTの言い分と国立がん研究センターの反論――

では、現実はどうなのか？　健康被害がないと主張することで最も恩恵を受けるたばこメーカーの主張を確認しておこう。彼らがたばこと健康被害との因果関係を認めるなら、これ以上説得力ある主張はない。

そこで、日本たばこ産業株式会社（JT）の公式見解を調べてみた。以下、引用する。

喫煙は、肺がん、心筋梗塞等の虚血性心疾患、肺気腫等の慢性閉塞性肺疾患など多くの疾病や、低出生体重児、流・早産など妊娠に関連した異常、といった特定の疾病（妊娠に関連した異常を含む）のリスクを伴います（中略）。

喫煙の健康への影響については今後更なる研究が必要であるものの、私たちは、喫煙が特定の疾病のリスクファクターであると考えています。喫煙するかしないかは、喫煙の健康への影響・リスクに関する情報に基づいて、個々の成人の方が決めるべきものです。［日本たばこ産業株式会社ホームページ」

要するに「吸うか吸わないかは、リスクを十分に認識した上で大人の判断で」ということだ。少なくともたばこは無害だとは主張していない。いやむしろ、自分でたばこを吸う場合（能動喫煙）、健康被害を引き起こす可能性があることを認めている。

とはいえ、全面的に認めているわけではない。特に受動喫煙については、「巷で言うほど健康に悪影響を与えていないかもしれない」という控えめな反論をしている。

例えば、受動喫煙について国立がん研究センターが「肺がんリスクは約1・3倍」「受動喫煙の肺がんリスク評価は確実である」という研究結果を発表したことに対して、JTは次のように反論した。

しかしながら、JTは、本研究結果だけをもって、受動喫煙と肺がんの関係が確実になったと結論づけることは、困難であると考えています（中略）。

例えば、今回の解析で選択された一つの研究調査でも、約5万人の非喫煙女性中の受動喫煙を受けない肺がん死亡者は42人であり、受動喫煙を受けた肺がん死亡者は46人でした。肺がん等の慢性疾患は、食生活や住環境等の様々な要因が影響することが知られており、疫学研究だけの結果をもって喫煙との因果関係を結論付けられるものではありません。

[日本たばこ産業株式会社ホームページ]

ところが、これに対して国立がん研究センターは徹底した再反論を行った。

肺がん死亡者42人、46人という数値は、9つの論文のうち、女性における受動喫煙の相対リスクが最も小さい(つまり受動喫煙のリスクが小さい)論文から恣意的に抽出されたものである。受動喫煙を受けた群と受けなかった群では分母の人数が異なるため、分子である死亡者数を単純に比較しても意味がない。さらに、受動喫煙を受けた群と受けなかった群とでは年齢や地域の分布が異なる可能性があるため、それらの要因を調整した比較をしなければ研究として成り立たない。実際、上記論文で、42人と46人についてこれらの要因を調整した比較を行っており、受動喫煙を受けた群(「ほぼ毎日」)の肺がん死亡リスクは受けなかった群の1・06倍となっている(中略)。

なお、上記の1・06倍は受動喫煙を「ほぼ毎日」受けた群の肺がんリスクであるが、受動喫煙を「1日3時間以上」を受けた者の肺がん死亡リスクは男性で5・29倍、女性で1・12倍と報告されており、受動喫煙の曝露《ばくろ》量が多いほどリスクが大きいことを示してい

る。［国立研究開発法人国立がん研究センター（２０１６年9月28日）］

ＪＴの反論は恣意的にデータを抽出してなされたものであり、反論になっていないとの指摘だ。この再反論に対して、ＪＴは何も言い返せていない。ディベートなら、ここで勝負ありだ。

――たばこの健康被害による医療費２・１兆円に対して税収２・２兆円――

少なくとも現時点では国立がん研究センターの主張を覆すエビデンスは発見されていない。ＪＴも控えめに認めている通り、たばこは能動喫煙でも受動喫煙でも健康被害のリスクを高めることを前提に損失を試算することが妥当だ。

では、その金額はいくらか？　最新の結果は次のようになっている。

たばこの害による２０１５年度の総損失額は医療費を含めて2兆５００億円に上ることが、厚生労働省研究班の推計で９日までにわかった（中略）。

推計は、厚労省の検討会がたばこと病気の因果関係が「十分ある」、もしくは「示唆される」

と判定したがんや脳卒中、心筋梗塞、認知症の治療で生じた医療費を国の統計資料を基に分析。こうした病気に伴って必要になった介護費用や、たばこが原因で起きた火災の消防費用、吸い殻の処理などの清掃費用も算出した。

最も多かったのは喫煙者の医療費1兆2600億円で、損失額の半分以上を占めた。中でもがんの医療費は5000億円を超えた。受動喫煙が原因の医療費は3300億円で、多くを占めたのは脳血管疾患だった。歯の治療費には1000億円かかっていた。

介護費用は男性で1780億円、女性で840億円に上った。原因となった病気別でみると、認知症が男女合わせて780億円と最も多く、次いで脳卒中などの脳血管疾患が約715億円となった。〔日本経済新聞（2018年8月9日）〕

2015年度のたばこによる総損失額は2兆500億円で間違いないだろう。では、これに対して何かメリットはないのか?

実は、たばこが売れると政府はたばこ税による税収を得ることができる。2015年度のたばこ税は国が9539億円、地方が1兆891億円で、特別税1475億円も加えると合計2兆1902億円だった。これを総損失額と相殺すると、1405億円のプラスとなる。

トータルで見た収支がプラスであるなら、現状のたばこ事業とたばこ税制を続ける価値がある。非常に残酷な言い方だが、一部の国民の健康を犠牲にすることで1405億円の税収増が得られるわけだ。

――後々出てくる健康被害を考えれば「一利なし」――

しかし、このビジネスモデルが揺らいでいるのも事実だ。喫煙者の減少に伴い、たばこ税収が減収傾向にあるからだ。

2017年度のたばこ税収はトータルで2兆11億円にまで落ち込んだ。これに対して、たばこによる健康被害は20～30年の単位で顕在化する。

たばこが売れなくなれば、たばこ税収は即座に減少するが、喫煙者が病気になるのは、それからずっと後の話だ。健康被害のタイムラグを考慮すると、単年度の黒字はあまり意味がない。

未だ顕在化していない健康被害リスクの現在価値を差し引かなければフェアではない。やはり政府の税収という点で考えても、たばこは百害あって一利なし。いや、百「損」あって一利なしのようだ。

LOSS 08

睡眠不足

↓

睡眠不足で起こる病気にかかる医療費は年間で……

8378億円

損失

日本人の睡眠時間は世界的に見ても短い。２０１４年のＯＥＣＤ（経済協力開発機構）の調査によると、日本は加盟国29カ国中、韓国に続いて2番目に睡眠時間が短かった。
現時点で入手できる厚生労働省の最新の国民健康・栄養調査報告（２０１７年）によれば、睡眠時間が６時間未満の人の割合が男性36・１％、女性42・１％に達しているという。

世界の平均睡眠時間　国際比較調査（2014年）

1	南アフリカ	9時間22分
2	中国	9時間2分
3	インド	8時間48分
4	ニュージーランド	8時間46分
5	アメリカ	8時間36分
	スペイン	8時間36分
…	…	…
28	**日本**	**7時間43分**
29	韓国	7時間41分

出所：OECD

ところが、同調査によれば、睡眠が「あまりとれていない」「まったくとれていない」と感じている人は男性で20・1％、女性で20・3％しかいない。睡眠不足の自覚がない人が男性全体の2割弱、女性全体の約2割存在するという恐ろしい結果になった。

アメリカ公衆衛生学修士を持つ医師の中村康宏氏は、睡眠不足が健康上大きなリスクになることについて、次のように警告している。

睡眠不足は脳から全身へとつながるホルモン分泌系統に異常をきたします。そのため、ストレスホルモンである「コルチゾール」や交感神経の緊張によって分泌される「カテコラミン」といったホルモンが増加します。すると、インスリンが効きにくくなり血糖値が下がりにくくなり糖尿病になりやすくなります。

また、健康な人が一晩徹夜すると血圧は約10㎜／Hgほど上昇するとされています。さらに、なかなか寝付きが悪い人（入眠困難）や途中で起きてしまう人（中途覚醒）はそうでない人と比べて高血圧になる危険は約2倍と報告されています。このことから、睡眠障害が年齢、アルコール摂取量、喫煙習慣、肥満、ストレスと並んで高血圧発症の危険因子であると考えられています。高血圧自体は無症状ですが、これは死につながる恐れのある心臓病や脳卒中を引き起こす大きなリスクとなります。それゆえ、睡眠不足を軽視してはいけません。［「サライ」（２０１８年7月21日）］

――睡眠時間が短い男性と睡眠時間が長い女性は死亡リスクが高い――

中村氏がこの論説のなかで引用しているDuke-NUS Graduate Medical School（シンガポール）のジューン・C・ロー博士らが２０１４年に発表した研究論文によると、「睡眠時間が短いと、加齢に伴う脳萎縮と認知機能低下が大きくなる」とのことだ。

ロー博士らは55歳以上の被験者に対して2年おきにＭＲＩおよび神経心理学的評価を加

えた。その結果、「睡眠時間の短縮は、1時間ごとに、心室の年間拡張率を0・59％（P＝0・007）、グローバル認知パフォーマンスの年間低下率を0・67％（P＝0・050）増加させる」ことが判明したという。睡眠不足で脳の老化が進む。なんと恐ろしいことだ。

睡眠不足の被害はこれだけではない。毎年日本では、睡眠不足のせいで本来死ぬべきではなかった人が死んでいる。その人数を試算するために、自治医科大学によるコホート研究（「Sleep Duration and Mortality in Japan: the Jichi Medical School Cohort Study」2004年）を紹介しておく。

この研究のベースとなるデータは、1992年4月から1995年7月の間に日本の12の農村地域で集められた。心血管疾患の集団検診のデータをもとに、地方自治体の協力を得て被験者1万1325人（男性4419人、女性6906人）の大規模な調査が実施されたのだ。

ここで得られたデータは、年齢、収縮期血圧、血清総コレステロール、BMI、喫煙習慣、飲酒習慣、教育、および婚姻などに、ほかの影響を取り除く調整がなされる。最終的な結論は、次ページの表の通りとなった。

睡眠時間6時間未満の男性は、7時間から7・9時間までの人と比べて死亡リスクが2・4倍高くなる。

睡眠と死亡リスクの関係

	睡眠時間	死亡リスク
男性	**〜5.9時間**	**15.6**
	6〜6.9時間	6.0
	7〜7.9時間	5.9
	8〜8.9時間	6.8
	9時間〜	12.7
女性	〜5.9時間	1.9
	6〜6.9時間	3.1
	7〜7.9時間	2.6
	8〜8.9時間	3.7
	9時間〜	**7.9**

出所：Journal of Epidemiologyのデータをもとに作成

これだけ聞くとやはり短時間睡眠は体に悪いと早合点してしまいそうだが、この図表をよく見てほしい。なんと睡眠時間が9時間以上の人は7〜7・9時間の人に比べて男性で2・2倍、女性で3倍も死亡リスクが高くなっている。

「睡眠時間が短い男性と睡眠が長時間の女性は死亡リスクが高いことを示唆している」というのがこの論文の結論だ。

——7時間台の睡眠をとっていれば6万人が死亡せずに済んだ——

もう少し細かく見てみよう。次ページの表をよく見てほしい。

例えば、9時間以上睡眠をとる女性は

原因別の死亡率と睡眠時間の関係

	睡眠時間	心臓疾患リスク	脳卒中リスク	悪性腫瘍リスク
男性	～5.9時間	6.2	1.3	3.1
	6～6.9時間	3.8	0.8	0.6
	7～7.9時間	1.0	1.0	1.0
	8～8.9時間	0.4	0.2	1.4
	9時間～	1.3	1.2	1.3
女性	～5.9時間	—	—	1.1
	6～6.9時間	—	3.2	1.5
	7～7.9時間	1.0	1.0	1.0
	8～8.9時間	7.3	1.4	1.2
	9時間～	15.9	2.5	1.1

出所：Journal of Epidemiologyのデータをもとに作成

7～7・9時間睡眠の女性に比べて、心臓病リスクが15・9倍、脳卒中リスクが2・5倍という結果になっている。さらに男性の悪性新生物（腫瘍）リスクについては、6～6・9時間睡眠の人の方が、7～7・9時間睡眠の人より4割低くなっている。

平成30年（2018）に不幸にしてガンによって死亡した人の人数は男性が21万8605人、女性が15万4942人だった。この死亡人数に国民健康・栄養調査報告（厚生労働省　2017年）の睡眠時間6時間未満の人の割合を掛け合わせ寝不足だった人を求めてみると、男性が7万8916人、女性が6万5231となる。もし彼らが7～7・9時間の睡眠を取っていたとしたら、何人が死なずに済んだだろうか？　これは死亡リスクで、これらの数値を割り戻すことによって求められる。

男性の場合　7万8916人÷3・1×（3・1－1・0）＝5万3460人

ガンについては、最大に見積もって男性5万3460人、女性5万9330人が、この年に死なずに済んだかもしれない。また同様の方法で、8時間以上の睡眠によりガンで死亡した人数から、適切な睡眠をとっていれば死なずに済んだ人数を求めると、男女合計で7061人となった。寝すぎも健康には悪いようだが、全体で見ると現時点では睡眠不足によるガン死の方が、圧倒的に問題が大きい。

念のため心臓病、脳卒中、ガンを全部まとめた数字でも計算してみたが、合計68万9922人の死者のうち、死ななくても済んだ人数は最大で10万5345人となった。この見積もりが過大で、本当はこの10分の1程度だったとしても約1万人。2018年の交通事故死者数は3532人。やはり睡眠不足は交通事故よりも問題の規模がずっと大きいようだ。

さらに、睡眠不足の損失は死亡損失だけではない。アメリカのランド研究所はメタ分析の手法を使い、睡眠不足が及ぼす経済活動へのマイナス面を明らかにした。その上で、独

睡眠不足が及ぼす経済活動への損害

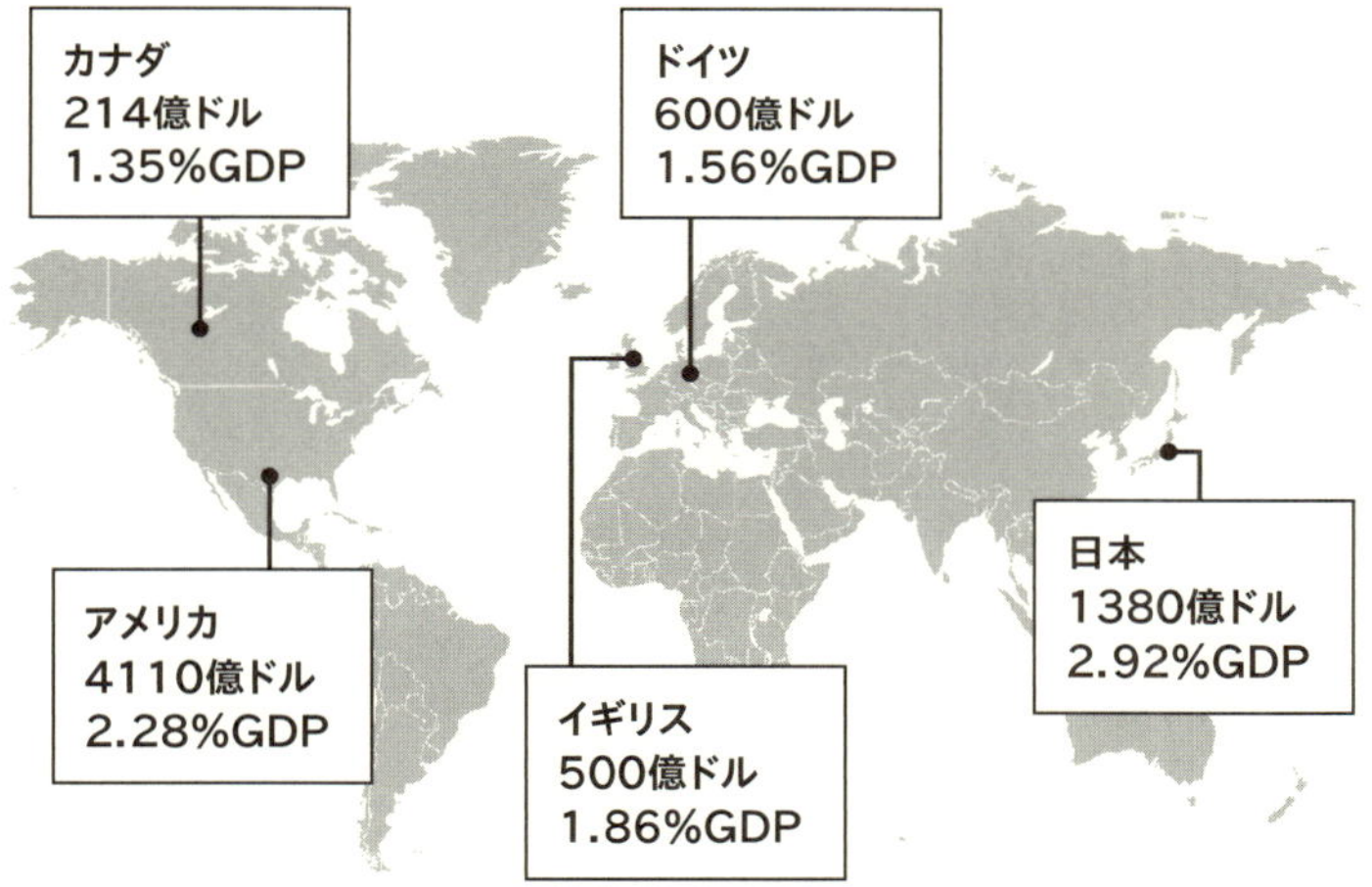

出所：ランド研究所

自のモデルで集計したところ、世界中で大きな損害を与えていることがわかった。上の図を見てほしい。

アメリカで4110億ドル、ドイツで600億ドル、イギリスで500億ドル、カナダで214億ドルとなっている。日本については1380億ドル、日本円換算で約15兆円に相当するとのことだ。ただ、この試算はベースになった数値モデルが公開されていない点が少し引っかかる。

そこで、医療費に限って先ほど行った「睡眠不足による余計な死の推計」を応用して計算してみた。疾病ごとの医療費のデータは国立がん研究センター「がんの統計'18」から最新のもの

（2016年）を引用し、今回は事故（損傷、中毒およびその他の外因の影響）による死亡も加えてみた。

心臓病、脳卒中、ガンおよび事故にかかった医療費の合計は約8兆5000億円である。自治医科大の論文（75ページ）に示されたリスク指数と同じ割合で医療費が増加していたと仮定すると、このうち約1割の8378億円が睡眠不足による医療費の増加分となった。

――交通安全運動以上に、国は睡眠不足解消運動を進めるべき――

睡眠不足の社会的損失は最低でも医療費増加分の8378億円、最大でランド研究所の推計値15兆円と、現時点では推計される。いずれにしても、極めて大きな社会的損失が毎年出ていることは間違いない。

ところが、睡眠不足はこれだけ大きな問題であるにもかかわらず、政府や国民の関心が低い。春と秋の交通安全運動があれほど大々的に展開されているのに、睡眠不足解消運動は寡聞にして聞かない。交通事故の死亡者数は過去最低にまで減っている。不謹慎な言い方をすれば、人が睡眠不足でガンになるよりも、事故に遭って死ぬ方が難しいのかもしれない。今こそ政府は国民の睡眠不足問題に本気で取り組むべきである。

第2章

企業戦略・社会政策がもたらす損失

LOSS 09

東京五輪

東京ビッグサイトが
使用不可になる損失額は……

1兆2000億円

損失

２０１７年3月に、東京都は東京オリンピック・パラリンピックの経済効果を試算した。その金額は、大会招致が決まった２０１３年から大会10年後の２０３０年まで18年間の合計で32兆円だった。

東京都は大会招致が決まった２０１３年から大会10年後の２０３０年までの18年間で全

東京オリンピックの経済効果（東京都試算）

	東京	全国
直接的効果	3兆3919億円	5兆2162億円
レガシー効果	17兆488億円	27兆1017億円
総計	**20兆4407億円**	**32兆3179億円**

これに対し、オリンピック開催にかかる東京ビッグサイトの使用停止の損失は1兆2000億円と試算されている

出所：都オリンピック・パラリンピック準備局

国の雇用者数が約194万人増加するという。もしその通りなら、オリンピックは得なので大いにやるべきだろう。

一方で、オリンピックには巨額の損失リスクがあると指摘する向きもある。特に、プレスセンターとして使用される東京ビッグサイトが長期間貸出できなくなることは、経済的に大きな痛手になるという。

東京ビッグサイトは東京五輪開催時にメディアプレスセンターとして使用されるため、19年から一部が使用できなくなり、20年4月からは全面的に使用ができなくなる（中略）。

その損失は一時的な金額でも1兆2000億円と試算されている。東京五輪の開催によって、日本経済が不況に陥る可能性も出てきているのだ。

経済的損失も大問題だが、それより深刻なのは展示会が開催されないことによって最新技術や情報が東京に集まらなくなることだ。そうなれば、日本の産業界は世界に遅れを取る。それを取り戻すために、日本の産業界は何十年もの歳月を浪費することになるだろう。これは、バブル崩壊時の〝失われた20年〟に匹敵する。［ビジネスジャーナル（2017年6月6日）］

同記事によれば、2017年以降、国立代々木競技場体育館、中野サンプラザ、東京国際フォーラムなどの改修工事が続くそうだ。改修工事が長引いている渋谷公会堂や、すでに閉鎖されてしまった新宿コマ劇場、東京厚生年金会館などもカウントすると深刻なハコモノ不足になり、それに伴う経済損失も見込まれるという。

――国家がリストラしても問題は解決しない――

都の試算がこれらの問題を織り込んでいたかどうかはわからない。とはいえ、経済効果の試算がより確からしいかを見極める方法がないわけではない。それは「守備範囲」に注目することである。例えば、ある会社の人件費がかかりすぎていて、リストラをしたとしよう。会社は無駄な人件費を減らし利益が増えるだろう。ところが、国家の場合はそうはいかない。公務員が多すぎるからといって大量にリストラすれば、その人たちは全員失業者になり、失業手当や生活保護費が増加するからだ。

ちなみに、どうしても公務員をリストラしたいのであれば、金融緩和や減税、財政支出拡大などを行い、民間の景気をよくしておくことが重要だ。景気がよければリストラされた公務員は民間企業に採用されやすくなり、政府の財政負担は増えない。むしろ、人手不足が解消されることでＧＤＰが増加し、それに比例して税収も増えるだろう。

このように会社を「守備範囲」とすれば、問題を会社の外に出すことで解決が可能だ。これに対して、国を「守備範囲」とした場合は、問題を外部化することそのものが不可能である。これを経済学の言葉で「会社には外部性があるが、国の経済には外部性はない」と言う。

余談だが、世間的に有名な大企業経営者が上から目線で国の経済政策を語って大恥をかくことがある。その原因は大抵の場合、この外部性に対する無自覚による。

オリンピックの経済効果を考える場合にも、この外部性の問題は意識しなければならない。例えば、東京都の経済効果の試算が18年間を対象にしているのに対して、ビッグサイトが使えなくなるのはせいぜい1年半から2年程度だ。ビッグサイトが使えないことで損失を被るが、オリンピックで訪日外国人が増加してインバウンド消費が盛んになるといったメリットもある。これらをすべて合算しなければ、本当の損得はわからない。

例えば、極めて単純にこう考えてみよう。国民はオリンピック開催に向けて貯金し、オリンピックでその全額を消費した。これはつまり、貯金していた時に消費は抑制され、オリンピックでその分が余計に消費されるということだ。開催前の消費低迷が開催年の消費増加で埋め合わされるため、損得は相殺されてゼロになる。

――ラグビーW杯の「レガシー効果」を含む間接効果は2455億円――

次に、オリンピックに向けて貯金して消費するだけではなく、政府や民間企業が何らかの投資をした場合はどうなるか？　例えば、大規模な道路の整備や駅の改修、スタジアム建設などのインフラ投資、さらに訪日外国人観光客を見越したホテル建設などがそれに当たるだろう。これらの施設はオリンピック終了後も残り、以降稼働し続ける。利用者がいれば当然そこに利益が生じる。こうなると経済効果は明らかにプラスだ。冒頭紹介した東京都の試算における「レガシー効果」という部分が、まさにこれに当たる。

東京オリンピック開催の経済効果（イメージ）

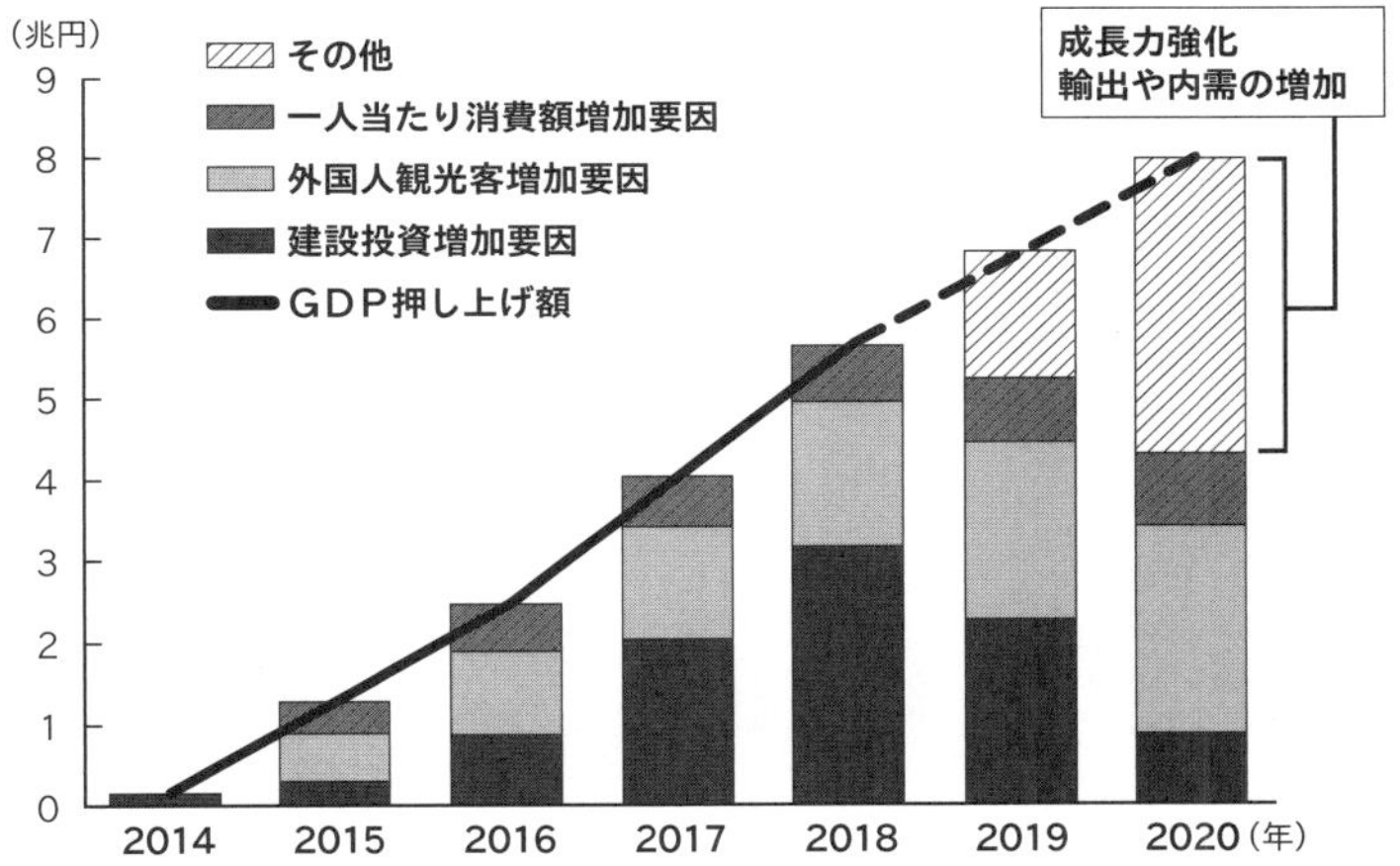

出所：日本銀行

日銀の試算によると、オリンピックの経済効果は主に①訪日観光客1人当たりの消費額増加、②訪日外国人観光客増加、③建設投資増加の三要素によって支えられるそうだ。年ごとにこれら三要素の割合は変化し、上のグラフのようになると予想されている。

これ以外の「その他」の具体的な中身は、成長力強化と輸出や内需の増加である。同様の試算はみずほ総研、森総研などでも行われており、いずれも東京都同様の「レガシー効果」を見込んでいる（みずほ銀行「2020年東京オリンピック・パラリンピックの経済効果」2017年）。

ちなみに、オリンピックの前年に開

催されたラグビーワールドカップ日本大会の経済効果においても「レガシー効果」が試算されている。大会組織委員会によれば、経済効果は4372億円で、そのうちレガシー効果も含む間接効果は2455億円とされている（RWC2019ニュース・2018年3月20日）。日本政策投資銀行も同様の試算を行っており、こちらは経済効果が総額で2330億円、間接効果は908億円とのことだ（日本政策投資銀行「ラグビーワールドカップ2019開催による経済波及効果および開催都市の取り組みについて――経済波及効果推計2330億円――」2016年5月）。

金額に2倍近い開きがあるが、その理由は日本政策投資銀行の試算にはスタジアム建設などのインフラ投資が含まれていないことが原因のようだ。とはいえ、全体の金額は違っても、間接効果が相当の割合になるという点は一致している。また、訪日外国人数はこのイベントで急増しても、そのまま高止まりする傾向があることは、ほかの試算と同じだ。

――消費税増税で「ドリーム効果」が台なしになる――

話をオリンピックに戻そう。実は、ひとつ気になる効果もある。それは「ドリーム効果」だ。森記念財団都市戦略研究所によれば、それは「社会全体で華やかな喜ばしい出来事が起きた時、だれもが気分が高揚して、つい財布のヒモが緩み、さまざまな消費行動が拡大する」ことを指すそうだ。大変申し訳ないが、この点についてはオリンピックの前年2019年10月に強行された消費税増税によって台なしになるかもしれない。間違いなく、増税という財布のひもを締める効果と「ドリーム効果」が相殺されるが、増税は恒久措置であるのに対して、ドリーム効果はせいぜい2020年までの暫定措置だ。そうなると、本当に人々はオリンピックの直前まで財布のひもを固くして貯金に励み、貯めたお金をオリンピックで全部使って終わりかもしれない。

問題はそれだけではない。増税によって内需が低迷すれば、せっかく投資したインフラも思ったほど使われないことになる。各試算が想定しているレガシー効果も大きく棄損することだろう。

実は、その可能性は極めて高いかもしれない。なぜなら、増税の消費に対する悪影響は、税率アップ直後よりもその1年後に大きくなるからだ。次ページのグラフは名目消費支出の前年同月比推移を表したものだ。2014年4月の消費税増税後にどうなったか、よく見てほしい。ちょうど増税から1年後の2015年4月に消費が大きく落ち込んでいることがわかる。その後、プラスになることもあったが、基本的にはゼロ以下の状態が続き、本格的にプラス圏に浮上したのは2017年の4月以降だ。つまり、増税の痛手を克服す

名目消費支出（前年比）の推移

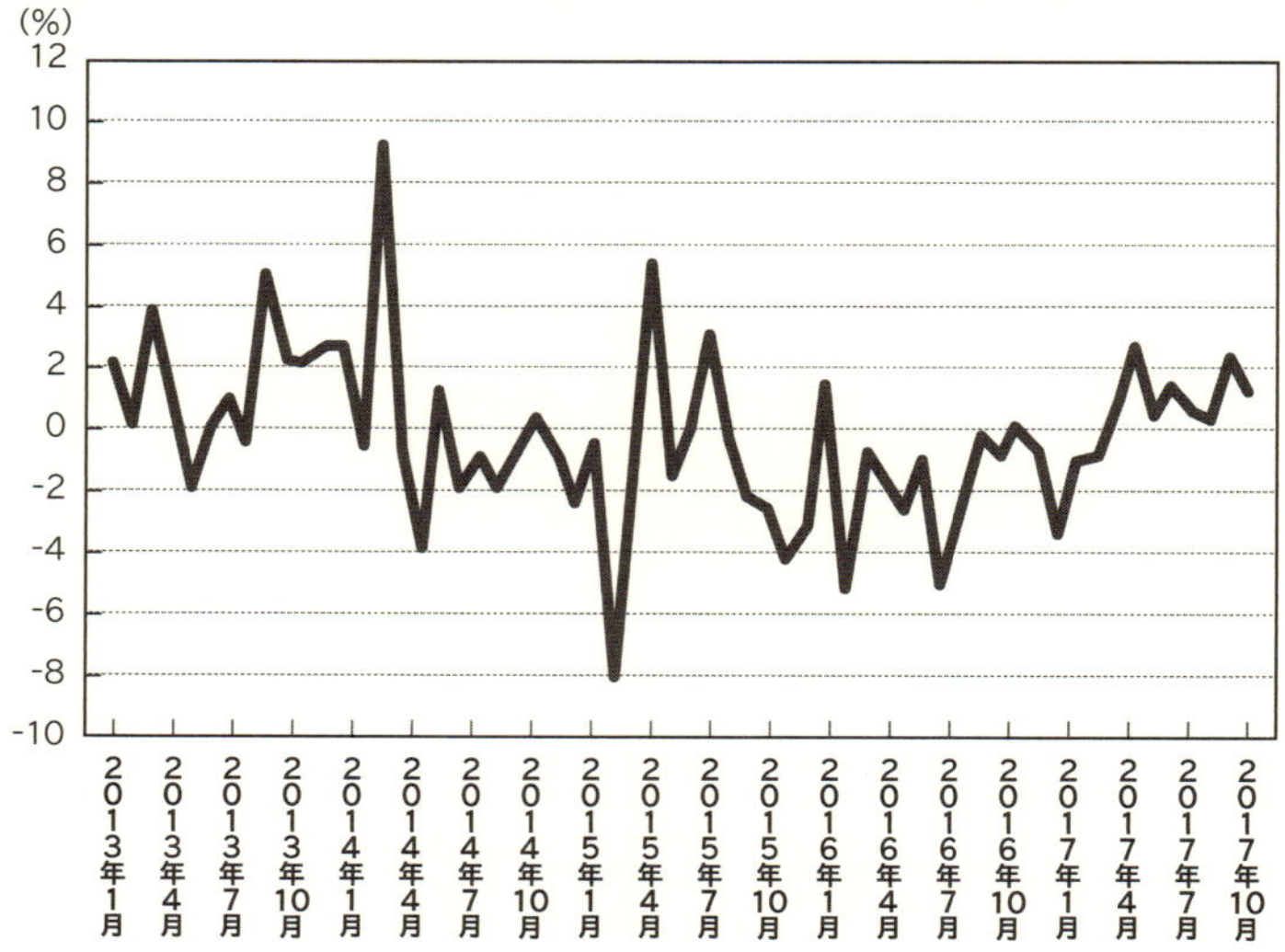

出所：総務省

るのに、前回は少なく見積もっても3年かかったのだ。

いくらオリンピックでインフラ投資をしても、増税によってそれを使う国民の経済活動が不活性化してしまったら何の意味もない。確かに東京ビッグサイトが使えないのは問題だが、オリンピック前年の消費税増税はそれよりもはるかに大きな問題なのだ。

この点を織り込んだオリンピックの経済効果に関する試算があるとは聞いたことがない。どのシンクタンクも、そして日銀さえも財務省に逆らうのは怖いらしい。

LOSS 10

ＮＨＫ受信料

↓

NHKが無駄に貯め込んでいる
現金の合計金額は……

6617億円
損失

ＮＨＫの受信料を支払わないでいると、裁判で訴えられ、敗訴すれば過去に遡って受信料を支払わねばならないリスクがある。だから、ＮＨＫ受信料は払っておいた方が得だと多くの人は考えている。

しかし、最高裁の判例は、あくまで訴訟を起こしてその判決を受けなければ強制的に取り立てできないというものだった。だから、訴えられるまで、払う必要はないかもしれない。ＮＨＫから国民を守る党の立花孝志氏によれば、ＮＨＫ受信料の未納率はＮＨＫが言うほど低くない。概ね5割程度に達しているとのことだが、もしこれが正しいのであれば、これら未納者全員をＮＨＫが訴えて受信料を回収するのは物理的に不可能だと思われる。

もし、国民全員がＮＨＫの足元を見て受信料の未納運動を始めるとＮＨＫは完全にお手上げだ。全世帯を訴えるのは何をどう考えても無理。だとすると、これはやってみる価値はあるかもしれない。とはいえ、あくまでも自己責任でお願いしたいものだが……。

―― ＮＨＫの金満体質がもたらす社会的損失 ――

ちなみに、私はＮＨＫに対して極めて批判的だ。その理由は日本を貶める歴史捏造番組や、偏向報道、極左ディレクターの存在に怒っていることだけではない。それ以上に腹立たしいのは、ＮＨＫの金満体質だ。しかも、この金満体質のせいで、社会的な損失が生じている可能性が高い。まさに、これこそが大問題である。

ＮＨＫ受信料が社会的損失をもたらす理由は、それが消費税と同等の性質を持っていることにある。消費税を払うことは国民の義務であり、この義務からは逃れられない。ＮＨ

Kの受信料についても本来は同じだ。NHKは法律によって受信料をほぼ強制的に徴収する力を持っている。しかも、受信料は所得の多寡にかかわらず一律に徴収される。つまり、所得の少ない人ほど、相対的に負担が重くなる逆進性を持っているのだ。まさに受信料は消費税と同等の「税」なのだ。

さて、受信料が消費税と同等だとすると、ここに問題が生じる。一般的に、消費税を増税すると消費が落ち込み景気が低迷する。ただし、同時に政府が集めた税収と同等か、それ以上の大盤振る舞いを国がすれば話は別だ。そうすれば国民の懐から国庫に吸い取られたお金が、再び国民の懐に戻ってくるからである。

とはいえ、実際のところ政府の大盤振る舞いは難しい。なぜなら、税収の一部は大抵官僚にピンハネされ、特別会計などに滞留してしまうからである。この特別会計こそが天下りの原資だ。結果として、国民から吸い取られたお金の全額は戻ってこないか、戻ってきたとしても、天下り官僚のポケットに厚めに戻されることになる。

――積み上げられた純資産「8646億円」――

NHKの受信料もこれと同じだ。集めた分を全額使い切っているなら問題ない。しかし、それが使い切れないどころか、長年余ったお金が山のように積み上げられている。本来なら国民が消費したであろうお金が、消費されずに滞留していることは景気にもマイナスだ。国民が支払った受信料の一部は番組作成には使われず、ほぼ現金の形で貯め込まれていることの証拠を示そう。

２０１８年度の連結決算（ＮＨＫ２０１８年度決算概要）によれば、ＮＨＫの営業利益は２９２億円で、資産から負債を差し引いた純資産は８６４６億円だ。単純に言えば、この純資産が毎年の黒字の積み上げの結果だ。

もちろん、経営を安定させるために純資産はたくさんあるに超したことはない。しかし、第一にその金額が公共放送にしては大きすぎる点が問題だ。

例えば、ＮＨＫに匹敵する純資産を持つ企業は、東北電力８３３７億円、三菱自動車８８１２億円、出光興産は８７８９億円などである。ＮＨＫは「おかあさんといっしょ」のセットや着ぐるみに、巨大な火力発電所の建設と同等のコストがかかるとでも言うのだろうか？　もちろん、自動車メーカーやエネルギー産業に匹敵する資産があっても、それが公共放送を行う上で本当に必要なら持っていても構わない。

しかし、ここで第二の問題が生じる。ＮＨＫの積み上げた純資産の中身は、その多くが現金または現金と同等の金融資産なのだ。その証拠として、ＮＨＫの貸借対照表のなかか

保有する有価証券の銘柄及び資産区分の内訳

（単位：億円）

区分	現金・有価証券	長期保有有価証券	特定資産	合計
満期保有目的の債券	568	995	1,707	3,270
国債	15	45	2	62
政府保証債	33	52	110	195
非政府保証債	294	127	655	1,076
地方債	69	36	118	223
事業債	157	735	822	1,714
譲渡性預金	2,460	—	—	2,460
合計	**3,028**	**995**	**1,707**	**5,730**

出所：ＮＨＫオンライン

ら「現金・有価証券」、「長期保有有価証券」、「特定資産」の内訳表を抜粋する。

内訳を見ればわかる通り、これらの勘定科目に計上された資産はすべて「現金または現金同等物」の債券である。その合計は実に５７３０億円に達している。これだけでも総資産１兆３１９７億円の43・４％に相当する。このほかにも「現金及び預金」７８０億円、関連会社への出資金１０７億円などがあり、これらもすべて合計すると「現金または現金同等物」の合計は６６１７億円、総資産に占める割合は50・１％となる。

つまり、どんなに高めに見積もってもＮＨＫが保有する資産のうち、放送に使われているものは半分程度ということだ。

ちなみに、これら「現金または現金同等物」の内訳についても説明しておこう。246 0億円も計上されている「譲渡性預金」とは、要するに定期預金のことだ。ほぼ現金と言ってよいだろう。

1076億円が計上されている「非政府保証債」という聞きなれない単語があるが、大和証券の証券用語解説によると、これは「政府関係機関や特殊法人が発行する政府関係機関債のうち、元利払いに政府の保証が付かない債券のこと」である。要するに、これも現金みたいなものだ。

1714億円計上されている「事業債」とは、主に電力会社が発行する債券を指す。格付けの高い安全な債券であり、これもほぼ現金と変わらない。これらは極めて信用格付けの高い債券であるが、当然その分、金利も安く、実質的には現金を保有しているのとあまり変わりがない。つまり、NHKは集めた金を事業に投資せずに、単に現金を貯め込んでいる特殊法人なのだ。

——NHKは日々無駄遣いを続ける——

当然、この巨額資産の存在は以前からわかっていた。だから、常に批判の的だった。ハッキリ言ってＮＨＫは儲けすぎている。だからこそ、そういった批判が出ないようにＮＨＫは日々の業務で無駄遣いを続けているらしい。

前出のＮＨＫから国民を守る党代表の立花孝志氏によれば、ＮＨＫ予算の繰り越しはできないため、関連会社や下請け業者に法外な値段で業務を発注し、いったん予算を使い切ったことにするそうだ。しかし、実際にはその使ったはずの資金は関連会社や下請け業者にプールさせており、後でキックバックを受け取る仕組みだという。

２００４年７月に発覚したＮＨＫの紅白歌合戦チーフプロデューサーによる番組制作費着服事件はまさにそれを象徴する事件だ。このプロデューサーは１９９６年から５年間にわたって、知人のイベント企画会社に架空の「番組構成料」を支払い、そこからキックバックを受けていた。着服された金額は４８００万円にも上る。そして、このような不祥事は相次いでいる。

集めた受信料を放送事業に使わないなら受信料を値下げするべきだし、今積み上がっている巨額の「現金」は国民に返還するべきだ。職員による着服など言語道断である。ＮＨＫの受信料を支払うことで、こんなしょうもない組織が存続することが、社会的に大きな損失ではないだろうか？

ＮＨＫは分割して公共放送以外の部分は民営化すればよい。ＮＨＫをぶっ壊す！

LOSS 11

ネット炎上

ネット炎上保険の支払い上限額は……

1000万円

損失は算定不能

総務省の定義によれば、ネット炎上とは「ある人や企業の行為・発言・書き込みに対して、インターネット上で多数の批判や誹謗中傷が行われること」を指す。これが日本経済にどのような悪影響を及ぼすのか？

国際大学グローバルコミュニケーションセンター専任講師の山口真一氏によれば、主に以下のような問題が挙げられるそうだ。

●炎上のミクロ的影響

炎上対象者の心理的負担増加、社会生活への影響。進学・結婚の取り消し等。

企業であれば株価の下落、企業イメージの低下。倒産した企業も。マスメディアに取り上げられると株価に負の影響（Adachi&Takeda, 2016）。まとめサイトも影響。

●炎上のマクロ的影響

炎上から逃れる方法は沈黙。情報発信の停止をまねく。

「表現の自由」は今まで政府による規制の議論が中心だったが、炎上は「大衆による表現の萎縮」という新しい現象。かつ、その規制は過剰なものとなりつつある。

［国際大学グローバルコミュニケーションセンター「ネット炎上と情報社会の未来：統計分析による実態解明と予防・対処」（2016年11月）］

ネット炎上により、人々や企業には「表現の萎縮」という負の効果が及ぶそうだ。そのため、企業や人々は「批判されにくい中庸的なサービスしか展開出来なくなり、その結果、企業は競争力を失っていく」と山口氏は指摘する。長期的には、「多様な消費者も自分にベストなサービスやコンテンツがなくなり、効用（幸福度）が低下する」とのことである。とはいえ、先ほど引用したレポートには、競争力の低下や効用の低下を定量的に証明するデータやエビデンスは、特に示されていなかった。また、山口氏はほかにも、「極端な意見の人のみが残る」「言論から撤退する人間が偏っており、極端な意見の持ち主のみ発信を続ける」「意見の過激化と議論の劣化が発生する」と結論づけているが、これについても定量的な分析やエビデンスは示されていない。

―― ネット炎上は個人が戦う手段にもなる ――

また、これは山口氏自身も認めているが、ネット炎上にもよい面がある。前掲レポートには以下の2点が挙げられている。

・企業の不正行為に対し、消費者の声が通りやすくなった（弱い立場の声も通りやすく）。
・炎上が知られることで、著名人の暴言や一般人の反社会的行為に対する抑止力が生まれた。[国際大学グローバルコミュニケーションセンター「ネット炎上と情報社会の未来：統計分析による実態解明と予防・対処」（2016年11月）]

例えば、参議院議員の森ゆうこ氏が、自身の質問通告遅延問題をごまかすために、国会議員の免責特権を使って、国家戦略特区ＷＧ委員であった原英史氏への誹謗中傷を繰り返すという事件があった。この際、森氏は原氏の個人的な住所をテレビ中継で晒すなど人権侵害の限りを尽くしたが、ネット上でこの問題が激しく炎上したため署名運動にまで発展する騒ぎになっている。以前なら原氏は泣き寝入りするしかなかったが、ネット炎上のおかげで、警察も相手にしてくれないような案件でも、個人が戦う手段を得たことになる。

このように、ネット炎上は悪い面ばかりではない。とはいえ、これらよい面と悪い面を相殺して、どの程度の社会的利益または損失が出ているか試算した研究は発見できなかった。ネット炎上の社会的な損得は、現時点で不明と言うしかない。

なお、前出の山口氏が行った実証分析の結果、明らかになった炎上の実態は主に次の５点だ。

第一に、炎上は、２０１１年以降、毎年２００件程度発生し続けている。また、それは特にツイッターで多い。

第二に、「炎上に加担したことがある」人はわずか１・５％しかいない一方で、「炎上を知っている」人は90％以上存在する。

第三に、インターネット上で「非難しあってよい」と考えている人は10％程度しかいない。さらに、「非難しあってよい」と感じている確率に有意に正なのは、「炎上に加担したことがある」人のみである。

第四に、インターネットを「怖いところだ」「攻撃的な人が多い」と感じている人は、それぞれ70％以上存在する。特に、炎上を知っている人は「攻撃的な人が多い」と感じている確率が有意に正となっている。

第五に、若い人ほどインターネットに対して「言いたいことが言えるのがよい」「非難しあってよい」と感じている。

第二の点については2ちゃんねる元管理人のひろゆき氏やNHKから国民を守る党幹事長でジャーナリストの上杉隆氏も同様の指摘をしている。私も勝間和代の勝間塾というオンラインサロンを運営する会社を経営しているが、この指摘に頷ける部分が多い。炎上に加担するのは圧倒的な少数派である。

そして、第五の点についても実感としては非常に理解できる。勝間和代もたびたびインターネット上で炎上事件を起こしたが、それによって勝間塾の入塾者が大きな影響を受けたことはなかった。若い人はあまり炎上の有無を気にしていないようだ。

第三、第四の論点にある通り、炎上ごときでインターネットが怖いと思っているような人は、そもそもインターネット上のサービス自体を「信用できない」「胡散臭い」と思っている可能性が高い。勝間塾のヘルプデスクへの問い合わせにおいて、最近でこそほぼ絶滅したが、かつては「クレジットカードを使いたくない」という頑固者が一定数存在していた。クレジットカードは借金であり、インターネットという信用できない場所に、それを登録することの大きな抵抗があったのだと思われる。

もちろん、このように考えるのは自由だが、そのことによってインターネット上で受けられるさまざまな便益も受けられなくなるし、著しく生産性が低下することについても、よく考えるべきであろう。ネット炎上のよい点と悪い点を相殺して社会的な損得を語る場合、ネットが与えている圧倒的な便益についても、プラス面としてカウントすべきではないだろうか。

――保険会社もかける理由が見出せないネット炎上保険――

とはいえ、企業や個人の場合、炎上の当事者になれば損失を被ることが多い。以前よりは多少下火になったものの、ネット炎上事件は毎年２００件程度発生している。この点にビジネスチャンスを見出した保険会社がある。

２０１７年３月、損保ジャパン日本興亜は次のようなプレスリリースを出した。

２０１７年3月10日【国内初】企業向け『ネット炎上対応費用保険』の販売開始

損害保険ジャパン日本興亜株式会社（社長：西澤敬二、以下「損保ジャパン日本興亜」）は、スマートフォンの普及やSocial Networking Service（以下「ＳＮＳ」）利用者の増加に伴い企業の新たな課題となっているネット炎上に備える保険を開発し、3月6日から販売を開始しました。業種等にかかわらず、企業が一般加入できるネット炎上対応の商品は、国内で初めてとなります。［損保ジャパン日本興亜（２０１７年3月10日）］

ただし、この保険がカバーするのは炎上によって発生した損失ではない。カバーされるのはあくまでも「炎上対応費用」と「メディア対応費用」である。

実は、この手の保険は損保ジャパン日本興亜がパイオニアというわけではない。ネットの炎上に限らず、ＩＴ業界に存在するさまざまなリスクをカバーする保険は、主に東京海上と三井住友海上、ＡＩＧが以前から販売していた。例えば、納品したシステムに瑕疵《かし》があって損失が出るとか、情報漏洩によって損失が出るとか、さまざまなパターンに対応した保険などである。「炎上対応費用」と「メディア対応費用」しか対応しない企業向け「ネット炎上対応費用保険」よりも、こちらの方がむしろド真ん中である。

そこで、この手の保険がネット炎上の損失規模をどの程度、見積もっているのかについて、業界関係者に取材してみた。その関係者が匿名を条件に教えてくれた内容は驚くべきものだった。

インターネット上の損害リスクは無限に拡大する可能性があるため、算定は不能という前提で保険が設計されているとのことだった。具体的に言うと、インターネット上で被害が出ても、それが約款上の一定の条件を満たさない限り保険金支払いの対象にはならないということだ。

例えば、あるシステムリスクをカバーする保険の場合、「納品1カ月以内の初期不良」は免責になっている。この「納品」の定義がとても曲者で、定期的なアップデートなどはそれに含まれてしまう。そのため、システムのアップデートが頻繁に行われると、免責期間が永遠に続くことになる。

さらに極めつけは、この保険の支払い上限額が1000万円に設定されていることだ。大規模なシステムを運営する会社からすれば、この金額は雀の涙である。売っている方も「果たしてかける意味があるのか疑問」と言っていた。

そもそも、売上の減少とネット炎上の因果関係を証明するのは難しい。そのため、企業向け「ネット炎上対応費用保険」のように被害額不明のまま、少なくともハッキリしている対応費用の方だけを補償するという発想は間違っていないかもしれない。いずれにしても被害はゼロから無限大の間であり、プロの保険屋さんでも算定不能というところがポイントだ。

では、ここで少し視野を広げて社会全体での損得を考えてみよう。これだけインターネットが普及し、生活のインフラとして確立されてしまった現実から考えれば、現時点では炎上のマイナス面よりもプラス面の方が勝っていると結論づけてよいのではないだろうか。社会全体としては便利な面が多いから、未だにみんなが使い続けている。害が多ければ、とっくに捨てられているということだ。

そのため、炎上のマイナス面はあくまでもターゲットになった人だけに顕在化する。もちろん、彼らもそのリスクが顕在化しなければ、むしろプラス面の恩恵を受けていた人々だ。結局、ネットの利便性によって利益を得ている人は、その利益の一部を自己防衛のために投資するしかない。まさに「ご利用は自己責任で」ということではないだろうか。

LOSS 12

ネット遮断

日本で1日システムがダウンした時の損失額は……

1兆5400億円 損失

ネット炎上の被害規模はプロの保険屋さんでも算定できないことはすでに述べた。炎上するネタは千差万別だし、企業によって初期対応のよし悪しもまちまちという条件下では確かに算定は難しい。被害は限りなくゼロから無限大まで想定され、平均を求めることすらできないからだ。

では、もっと規模を広げて、インターネットそのものが遮断されてしまう場合はどうだろう。ネット炎上の場合と違って、有無を言わさずインターネットが使えないという点で、条件はずっと単純だ。調べてみると、さまざまな企業やシンクタンク、国際機関などが推計値を発表していた。

――エジプトで5日間インターネット遮断した際の損失は9000万ドル――

例えば、2011年1月末に起きたエジプトにおけるインターネットの遮断について、OECDは9000万ドル以上の経済損失が発生したと推計している。

先週エジプトが国内のインターネット接続を5日にわたってほぼ全面的に遮断したことで、推定で少なくとも9000万ドルの直接的な損失が発生したと、経済協力開発機構（OECD）が報告している。

この金額は通信およびインターネットサービスの遮断による売り上げ逸失を推算したもの。1日当たりの損失は約1800万ドルで、1年続けばGDP（国内総生産）の3～4%に及ぶという。ただしこの推定値には、電子商取引、旅行、コールセンターなどのサービス停止といった二次的な影響は含まれておらず、実際の経済的損失はもっと多額に上る可能性が高い。【ITメディアエンタープライズ（2011年2月8日）】

このころエジプトは、アラブの春に触発された反政府デモでムバラク政権が危機に陥っていた。デモ参加者たちの連絡手段を取り上げ、情報の拡散を防ぐために当時のエジプト政府はインターネットの接続を5日間遮断したのだ。

とはいえ、当時のエジプトにとってすら、9000万ドルの損失額は実のところあまり大したことはなかった。2011年のエジプトの名目GDPは2477億ドルもあり、1億ドル弱の被害額はその0・1％にも満たない数字でしかない。なお、当時の為替レートで9000万ドルは約74億円に相当する（2011年1月末の為替レートは1ドル＝82・13円）。エジプト社会が日本ほどネットに依存していなかったと言えばそれまでだ。この例を日本に単純に当てはめるのは、さすがに無理があるだろう。

―大手企業がサイバー攻撃を受けると37億円の経済損失―

2018年6月に日本マイクロソフトがサイバー攻撃被害に関する試算（日本経済新聞・

2018年6月12日）を発表している。それによれば、「日本企業がサイバー攻撃を受けると、1社当たりの経済損失は平均37億円になる」とのことだ。

内訳については、「生産性の低下や修復費用といった直接費用が5億円、顧客企業が他社に乗り換えるなど間接費用が14億円、その他の誘発コストで18億円」とのことである。サイバー攻撃は顧客からのアクセス障害や処理の遅延を伴うため、事実上ネットが遮断されている状態に等しい。これが全国的に発生したと考えれば、ネット遮断による会社側の損害は推計できそうだ。

しかし、ここでひとつ問題が生じた。日本マイクロソフトのプレスリリース（2018年6月12日）には、「サイバーセキュリティ攻撃の影響は、日本の大企業であれば約37億円」との記述がある。つまり、この推計は日本の大企業についてのものであって、中小企業は含まれていないのだ。

だとすると、37億円に日本の大企業の数を乗じて求められる金額は、サイバー攻撃被害の一部しか反映していない。さらに、このプレスリリースには大企業の定義も明記されておらず、政府の統計上の定義と一致するかどうかもわからない。

やはり炎上被害と同じく算定不能なのかと諦めかけたが、インターネット上をくまなく捜索してみると、ある資料に行き当たった。この資料は日経×TECH Activeに掲載され

ITダウンタイムによる損失

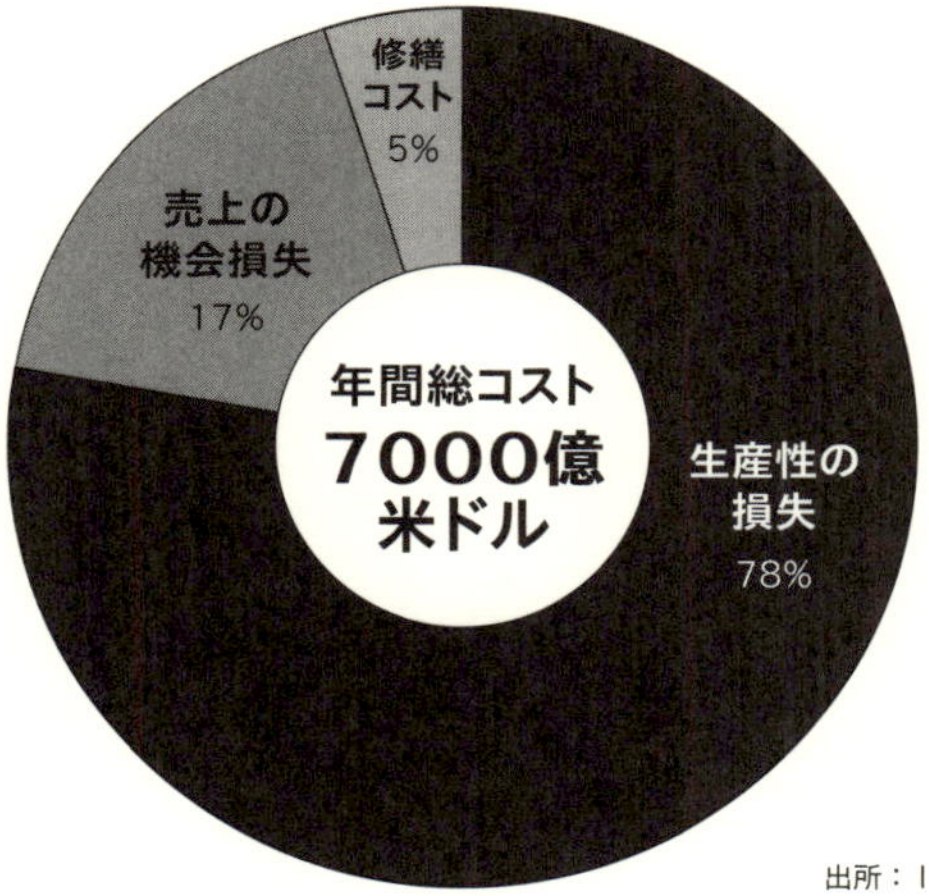

出所：IHS

た日本ラントロニクスのプレゼン資料である。そのなかに、偶然以下のような記述を発見した。

今日のデジタル経済では、ITネットワークの一貫したパフォーマンスを確保することが企業にとって不可欠です。分散型ネットワークインフラの管理がますます複雑で困難に進化する一方、ユーザーは24時間365日システムの安定稼動を期待しています。やがてネットワークに障害が起きると、必ずといってよいほど生産性や利益が打撃を受けます。

IHSが米国で行った調査によると、ITダウンタイムの影響によって年間7000億米ドル（77兆円強）の損失が発

生します。［日経×TECH Active（2018年12月26日）］

IHSの発表調査結果はネット上ですぐに検索できた。その要点は「調査回答者の平均的なダウンタイムイベントは月に5回、ダウンタイムは月に27時間」とのことだった。また、被害額の内訳は前ページのグラフのようになるとのことだ。修繕のためのコストは5％、売上の機会損失は17％と意外に低く、最も大きな割合を占めるのは生産性の低下によるロスとのことだ。

―1年間システムダウンすると日本のGDPがゼロになる―

では、この数値を使って日本での値を推計してみよう。ただし、前提として日本とアメリカの市場および企業のIT依存度はほぼ同等であると仮定する。このレポートが発表されたのは2016年1月25日なので、調査対象はおそらく前年の2015年であろう。2015年のアメリカの名目GDPは18兆366億ドルである。それに対してシステムダウンの年間被害額は7000億ドルだった。単純計算で名目GDP3・88％に相当する。

しかし、これはあくまで月27時間×12カ月分の合計である。1時間分の値は名目GDP

の０・０１２％だ。単純にこれを２０１５年の日本の名目ＧＤＰ４兆９０００億ドルに当てはめると、システムダウン１時間当たり約５億８０００万ドル（約６００億円）という値になる。１日当たりに換算すると約１４０億ドル（１兆５４００億円）に相当する金額だ。この値で日本の名目ＧＤＰを割り戻してみると、だいたい３５０日間システムがダウンすると日本の名目ＧＤＰが概ねゼロになる計算だ。

インターネットが遮断されている状態というのは、データの転送をＵＳＢメモリなどの物理的な記憶媒体を運んで行わなければならない状態だ。もちろん、現代のシステムはそんな遅すぎる更新頻度では動かない。システムはダウンしているに等しい。

そう考えると、約１年間システムダウンが続くと、日本のＧＤＰがゼロになるというのは何となく頷ける。そもそも、ネットが遮断されたら金融機関のシステムが動かず、銀行振込や引き落としが停止する。この状態では間違いなく仕事にならない。

私も総合格闘技のフィットネスジム「ファイトフィット」を経営しているが、利用料金の引き落としは銀行口座からであり、引き落としをするためのデータもＰＣで作成しネット経由でファクタリング会社に送っている。こういった仕組みが一切使えなくなれば売上ゼロだ。それほどまでに我々はネットやコンピュータに依存している。ならず者国家がサイバー部隊を強化する理由が何となくわかる気がした。

LOSS 13

キャッシュレス

セブン・ペイサービス停止で
無駄になった投資額は……

140億円

損失

セブン＆アイＨＤが鳴り物入りで導入するはずだったオンライン決済サービス「セブン・ペイ」は、サービス開始から数日でトラブルに見舞われ、たった3カ月で終了した。いったい何が起こったのか？

記憶を整理するために発生イベントを時系列で確認しておこう。

２０１８年　６月14日　株式会社セブン・ペイ設立
２０１９年　６月ごろと推測される　セブン・ペイにも関連する、ＥＣアプリ「オムニ７」の設計図に当たるソースコードが漏洩
７月１日　セブン・ペイサービス開始
７月２日　顧客より「身に覚えのない取引があった」旨の問い合わせ
７月３日　各社ホームページへ「重要なお知らせ」を掲載、海外ＩＰからのアクセスを遮断、クレジット／デビットカードからのチャージ利用を停止
７月８日　金融庁から報告徴求命令
７月11日　外部ＩＤによるログイン停止
７月30日　７ｉＤのパスワードを強制リセット→新たな問題勃発
８月１日　サービス廃止を決定
９月30日　サービス廃止
［セブン＆アイＨＤ公式サイト、報道等により筆者作成］

まさに泥縄式の対応で被害が拡大し、最後はどうにもならなくなって損切りに至った感

じだ。特に、7月30日のパスワード強制リセットはむしろ混乱を助長し、サービス停止への致命傷となったと言われている。この処理で発生したバグにより、残高ゼロでも支払いができる状態がしばらく続いていた。SNS上では、キャッシュバックキャンペーンを超えたゼロ円キャンペーンと揶揄され、まさに散々な目に遭った。なぜこんなことが起こったのか？　セブン&アイHDはその原因について、次の2つの要因があるとしている。

❶7PAYに関わるシステム上、7PAY独自の認証システム等および不正検知・防止対策が必ずしも万全なものでなかったこと。

❷7PAYの開発体制において、セキュリティ水準に関する厳格なポリシーが徹底されておらず、また、複雑なシステムの開発に当たってセキュリティ面について統括的に管理するプロジェクト・マネジメント機能や、セキュリティを含むシステムリスクを指摘すべきリスク管理機能が十分に発揮されていなかったこと。

――ファミペイに負けられないと焦ったセブン・ペイ――

最も重要なのは、「複雑なシステムの開発に当たってセキュリティ面について統括的に管理するプロジェクト・マネジメント機能」と「セキュリティを含むシステムリスクを指摘すべきリスク管理機能」が欠如していたことだ。ダイヤモンドオンラインは次のように報じている。

運営会社のセブン・ペイには、ファミリーマートのキャッシュレス決済サービス「ファミペイ」が始まる7月に間に合わせなければという焦りがあった。加えて、決済関連のノウハウを有するセブン銀行や電子マネー「ｎａｎａｃｏ」の担当部署から、十分な協力が得られなかった。さらに、システム構築を請け負ったＩＴベンダーが複数社にまたがっており、責任を持って全体最適の実現を目指す体制でなかったことも影響した。［ダイヤモンドオンライン（２０１９年8月20日）］

システム構築を請け負ったＩＴベンダーが複数社にまたがっていれば、当然責任の所在は曖昧になりがちだ。そんなことは開発前からわかっているはずだが、セブン・ペイはファミペイに負けられないという焦りから、そこを曖昧にしたまま全力前進してしまったようだ。また大企業病的な「縦割り行政」も大きなマイナス要因だった。

その代償は巨額の損失だ。セブン＆アイＨＤが投資した１４０億円は丸々損失となった。

さらに、セブン&アイHDは不正利用による被害者数1574人、総額約3240万円（2019年7月16日時点）を補償しなければならない。また、セブン・ペイに残高を保有している利用者がまだ44万9000人（同年9月23日時点）存在しており、これらの払い戻しにかかる費用はセブン・ペイが負担しなければならない。

また、セブン・ペイが稼働しなかったことで機会損失も生じている。消費税増税に伴うポイント還元の際に、他社クレジットカードを使われると、セブン&アイHDは約1%の手数料を負担しなくてはならない。実は、この手数料をカード会社に取られないようにセブン・ペイは設立されたとも言われている。しかし、消費税増税前にセブン・ペイが終わってしまったために、計画では大幅に減らすはずだったクレジットカード手数料は減らないことになってしまった。

セブン&アイHDの売上は約6兆8000億円なので、たった1%でも680億円に相当する。このうち1割でもセブン・ペイに移行できれば数十億円単位の経費を節減し、しかもそれをグループの売上として計上できるはずだった。しかも、消費税のポイント還元が終わっても、クレジットカードの手数料節約の効果は継続するため、その機会損失は莫大なものになる。ソフトウエアの開発費をドブに捨てたことより、むしろこちらの方が大きな痛手であっただろう。

―PAYPAYは売上6億円で368億円の赤字―

きっと、セブン・ペイが失敗したことをライバル企業は横目で見ながらほくそ笑んでいることだろう……と思ったのだが、事情はそんなに単純ではなかった。なぜなら、ライバル企業が今回の件を喜んでいたとしても、それを自社の儲けにつなげられるかどうかは別問題だからである。それは、公開されている各社の財務諸表を見れば一目瞭然だ。

例えば、ソフトバンクグループの展開するPAYPAYの2019年3月期決算は「悲惨」の一言に尽きる。売上はたったの5億9500万円である。これに対して、営業損益はマイナス367億8700万円だ。371億5700万円もの販売費および一般管理費はおそらく「100億円相当あげちゃうキャンペーン」でバラまいたお金だろう。普通に考えたら、この会社はもう死んでいる。むしろ、まだ存続していることが不思議だ。

また、直近の財務諸表によればメルペイは売上ゼロで営業損益はマイナス8億9000万円（2018年6月）、LINE PAYは売上44億8200万円で営業損益はマイナス53億3300万円（2018年12月）となっている。LINE PAYに44億円もの売上があるのは意外だったが、いずれにせよ赤字事業であることは間違いない。

だいたい、ＰＡＹＰＡＹが出した赤字はセブン・ペイの開発費用の2倍以上である。仮にこれほどの赤字を毎年垂れ流すなら、セブン・ペイを閉じたセブン＆アイＨＤの方が経営上正しい判断をしたことになってしまうかもしれない。いったいソフトバンクをはじめとしたこれらの会社は何を考えているのだろうか？

ＰＡＹＰＡＹのコーポレート統括本部マーケティング本部広報室室長の伊東史博氏は、マイナビニュースのインタビューに対して「正直なところ、決済だけで利益を出すことは難しいです。生活に結びついた形でＰＡＹＰＡＹを使っていただくことで、支払いの先につながるようにしたいと考えています」と回答している。つまり、激しいシェア争いに巨額を投入しているが、その先の収益モデルは見えていないということなのだろうか？

――ＬＩＮＥスマホ銀行を設立予定も儲けのシナリオが見えない――

ソフトバンクグループのヤフーと経営統合が決まっているＬＩＮＥの出澤剛社長は「LINE CONFERENCE ２０１９」（２０１９年6月27日）のなかで、あらゆる金融サービスを統合するとし、最終的には「ＬＩＮＥスマホ銀行」を設立するつもりのようだ。こうなると、現在旧態依然たる高コスト体質の銀行によって独占されている金融サービスを、

ＩＴ技術によって効率化して鞘をとるモデルが見えてくる。しかも今、日本政府がオンライン決済の割合を２割から４割に引き上げようと躍起になっているので、それも追い風だ。

とはいえ、フェイスブックの仮想通貨リブラがアメリカ財務省やＦＲＢによって事実上差し止められている事実は重く見なければならない。差し止められた主な理由は、マネーロンダリングに対する対策が不十分である点だった。

「ＬＩＮＥスマホ銀行」も日本、台湾、タイ、インドネシアの４カ国で同時に設立準備を進めているそうだが、送金に関しては従来の金融機関と同等の厳しいマネーロンダリング対策を要求されるだろう。当然それにはそれなりのコストがかかる。しかも、この対策は永久に続けなければならない。現在のような赤字覚悟の大キャンペーンをやっている余裕はなくなるような気がするが、いったいどうやってこれを克服するのだろうか。今ひとつ、儲けのシナリオが見えないところがある。

実は、現場レベルでも次のような話があった。ある法人会にＰＡＹＰＡＹの営業マンが来た。その時、法人会メンバーのある社長が「おたくはどうやって儲けるんだ？」と質問した。ところが、この営業マンはまともに回答できなかった。そこで、その社長は「オンラインペイメント市場を独占した後に手数料を上げようと思ってるなら甘いぞ。手数料上げた瞬間、法人会全体で連携して集団脱退してやるからな！」と詰め寄ったそうだ。ＰＡ

ＹＰＡＹの営業マンはフリーズして何も答えられなかった。図星だったのかもしれない。

ソフトバンクはかつてヤフーＢＢというＡＤＳＬサービスで一世を風靡した。モデムをタダで配って、それを長く使ってもらうことで、いずれ月々の支払いから採算が取れるようになるというモデルだった。また、当時はインターネットの「ラストワンマイル」「ゲートウェイ」を握ることで、その先のサービスの主導権も取れるという皮算用もあっただろう。

確かに、あの時ヤフーＢＢがなければＡＤＳＬはあれほど普及することはなかっただろうし、日本のブロードバンド時代の幕開けはもっと遅れていただろう。

では、ＰＡＹＰＡＹやその他のオンラインペイメント会社が、あの時のヤフーＢＢのようなパイオニアになれるのだろうか？　皮肉にも、オンラインペイメント業界全体が、既存の金融機関との競争でいたずらに体力を消耗するだけで終わる可能性もある。しかも、仮に生き残ったとしても、現時点ですでに競争が激化しすぎてレッドオーシャン化している商売である。それが、最終的には極めて利の薄い商売となることは目に見えている。だからこそ、各社は規模を求めて薄利多売競争をしているようにも思える。

そう考えると、やはりＡＤＳＬの時とはかなり状況が違うと言わざるを得ない。オンラインペイメント業界は毎年数百億円の赤字を垂れ流しているが、本当に大丈夫なのだろうか。柳の下に二匹目のドジョウを見つけるのはなかなか難しい。

LOSS 14

台風

今後10年間の
台風・洪水の被害想定額は……

4兆6563億円
損失

２０１９年10月12日、台風19号が関東地方を直撃し、甚大な被害が出た。発生後も被害額は増え続けている。農林水産省によれば、台風19号と大雨による農林水産関係の被害額は１６７９億円に上り、９月の台風15号と合わせた被害額は２１００億円を超えた。しかし、これはあくまでも10月末時点での数字であり、被害はこれ以上に拡大する可能性もある。

日本の主要都市の10年間の経済的リスク

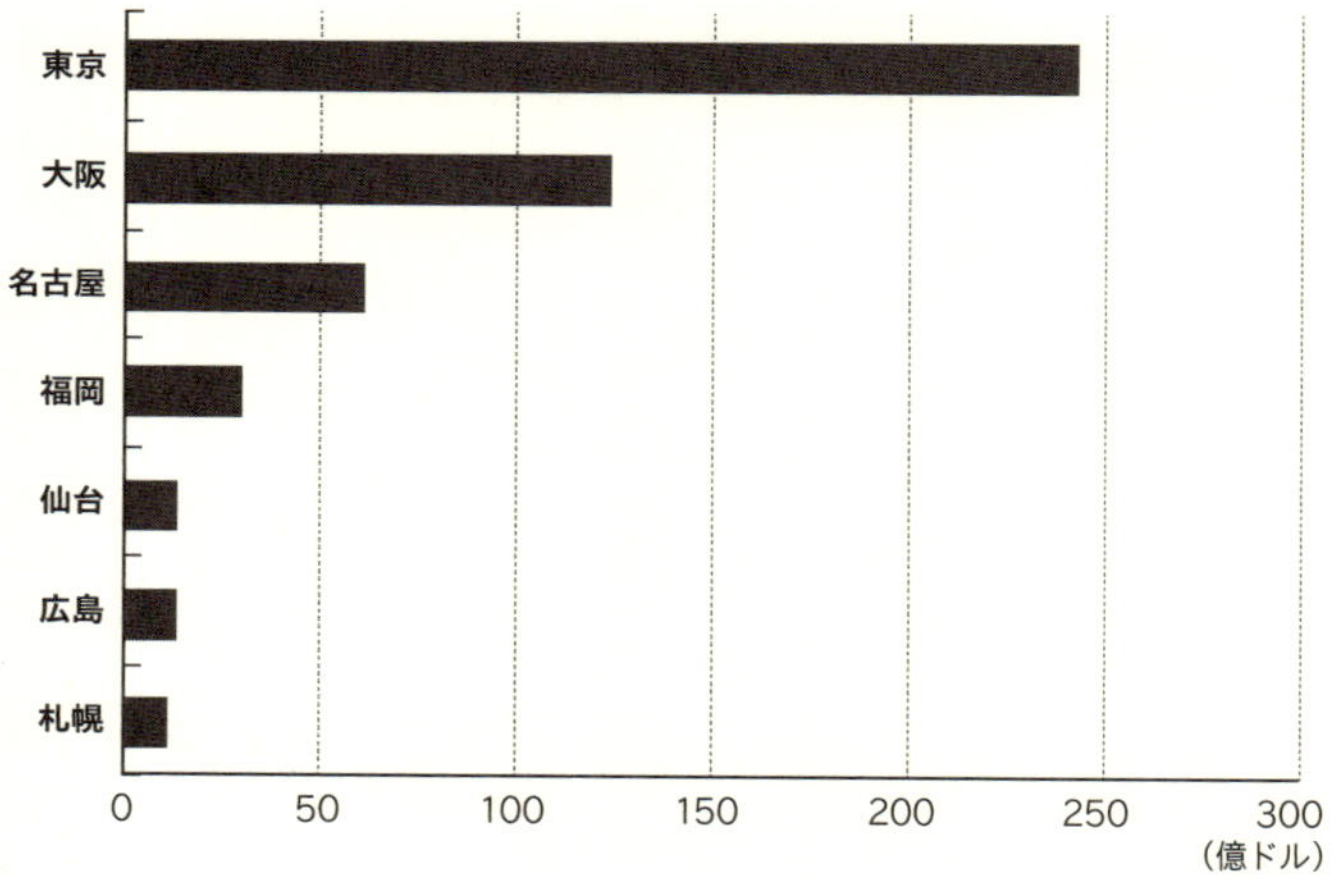

出所：ロイズ

長野県にある北陸新幹線の車両基地では、１２０両もの新幹線車両が水没した。これは全体の３分の1に当たる数だ。このためＪＲ東日本では、北陸新幹線のダイヤを大幅に変更し、運行計画に大きな影響が出てしまった。これに加えて、台風接近に伴って実施された計画運休の損失なども合わせると、ＪＲ東日本の売上は２０１９年11月時点で１６０億円減少する見込みだ。

同様の被害はＪＲ東海も受けており、発表されたところによると２０１９年10月時点で売上減少額は30億円に上るという。

総務省消防庁によると、台風19号の影響で全国８万７８９６棟の住宅が浸

日本の主要都市の分野別のリスク

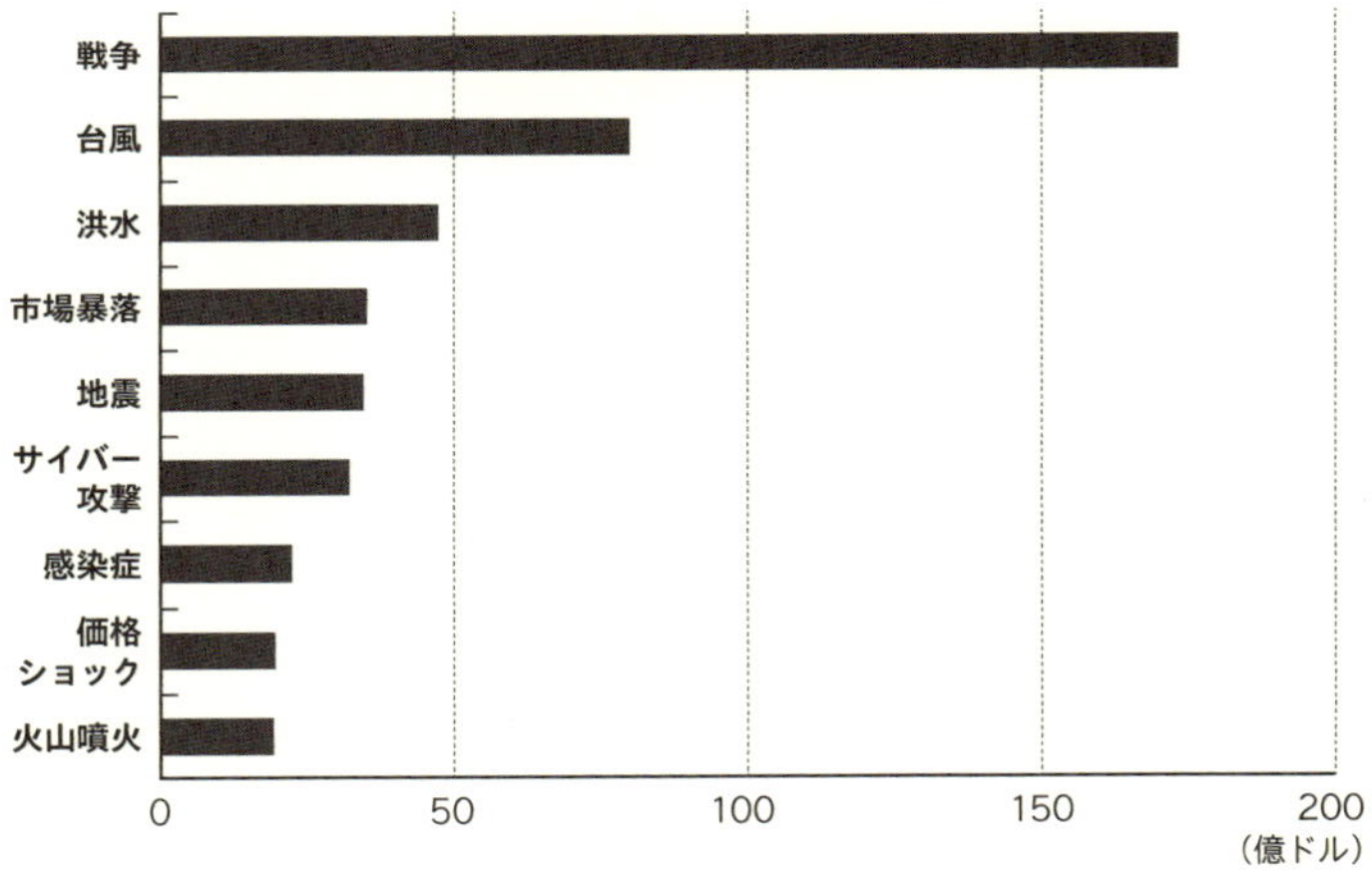

出所：ロイズ

水したり全半壊したりするなどの被害を受けているそうだ。被害額は莫大な金額になるだろう。

ブルームバーグが報じたところによると、台風19号の被害に対する保険金請求額は、約5400億〜1兆800億円に上ると見られている。

イギリスの保険会社ロイズは世界の主要都市のリスクを試算している。2018年に発表されたデータによると、日本の主要都市の経済的リスクは、向こう10年間で右ページのグラフのように見積もられている。

これをリスクの分野別に見ると、上のグラフのようになる。

台風と洪水を合わせたリスクは、10

年間で約1兆3770億円に上る。しかし、これはあくまで東京、大阪、名古屋、福岡、仙台、広島、札幌の主要7都市に関するものだ。そこで、GDPの構成比をもとに割り戻して、日本全体のリスクを推計してみた。

これら7都市は合計で日本のGDPの29・6％を占めている。この率で割り戻して全国の台風と洪水を合わせたリスクを求めると、その金額は4兆6563億円となった。

日本に住むことのリスクについて、もう少し意識をした方がよいかもしれない。

――復興財源に増税は適さない――

ただ、ひとつ重要な点がある。災害による被害があれば、その後に復興需要もあるという点だ。例えば、北陸新幹線の車両が水没したことで、車両を製造している川崎重工はJR東日本から大量発注を受けることになるだろう。同じことは水没した住宅にも言える。全半壊した住宅は修理や建て直しが必要だ。そうなるとハウスメーカーにも大量注文が入るだろう。台風による落ち込みがあれば、必ずその反動があるのだ。

台風19号で1日外出できなかった人は、その時に予定していた買い物を翌日または翌々日に延期する。同じことは仕事でも言える。今日できなかった仕事は明日に延期されるはずだ。これを月単位で考えれば、10月に先送りした仕事は11月に処理されることになる。

しかし、仕事の遅れを取り戻そうにも、生産設備や交通網などが元に戻っていなければ、そもそも仕事ができない可能性がある。交通網の寸断で仕事場に行けない、または会社の建物が被災して仕事をできる環境にないといった事態だ。その場合、反動需要は生産者側の事情で抑制されてしまう。復興は早ければ早いほど経済にプラスなのはこのためだ。

では、これらの点を考慮して、２０１９年の台風19号の損失と利益を比較することはできないだろうか？　その際に、最もカギになるのは復興事業の規模とスピードだ。そして、それらは具体的には、政府がどのように財源を調達するかによって大きく左右される。

簡単に言うと、増税で調達すればそのスピードは鈍り、規模も小さくなる。国債で調達すればそういうことはない。なぜか？

増税はすべての国民に対して行われ、日々の給料から一定のお金が政府に召し上げられる。そのため、財布のなかにあるお金が減った人々は支出を抑制し消費は低迷する。政府はそれを予想して、国民が耐えられる程度の増税しか行わない。そのため財源は不足し、復旧の規模は縮小し、スピードも落ちてしまう。

では、無理やりスピードを上げようとして大増税を実施すればどうなるか？　もちろん、その分消費は大幅に落ち込み、増税の段階で日本全体が深刻な不況に陥るだろう。これでは二次被害だ。もちろん、経済成長も大幅に減速する。つまり、増税は復興財源には適さないのだ。

――日銀が復興国債を買えば復興と物価上昇の一石二鳥――

これに対して、財源を国債発行によって調達する方法はどうだろう? 国債を買う人は、現金または銀行預金を国債と交換しているに過ぎない。それは取りも直さず、ろくな貸出先もなく埋もれていた資金が、復興事業というリターンの大きい事業に投資されることを意味する。しかも、国債の場合、必要な資金を一気に大量に調達しても、国民の財布には何の影響もない。元々何らかの資産を持っていた人が、それを国債と交換するだけだからだ。

さらに今、日本は国債不足であり、復興国債の発行には絶好のチャンスが到来している。ご存じの通り、今、10年以下の国債金利もマイナスだ。それほど国債が品不足で投資家が国債買い入れに殺到しているのだ。だから、今復興国債を大量に発行しても、マーケットは歓迎するだろう。

ついでに、日銀もお金を刷って復興国債を買えばよい。こうすることで貨幣流通量を増加させることができれば、現在0・5%程度しかない日本のインフレ率も少しは上昇するだろう。日銀の物価目標は2％である。復興と物価目標達成は日銀にとって、まさに一石二鳥の妙案だ。

――阪神淡路大震災の翌年は景気が回復した――

大規模な財政政策と金融緩和の組み合わせで景気が回復した事例が日本にもある。

1995年1月17日に発生した阪神淡路大震災の場合、復興事業約10兆円の財源は国債によって調達された。同時期に日銀は金融緩和を実施していたため、期せずして財政と金融の両方が緩和的な状況となった。その結果、震災の発生した1995年と翌1996年の日本経済はバブル崩壊以降では珍しく景気がよくなった。実際のデータで確認しておこう。

1992年以降、経済成長率は1％にも届かなかったが、1995年には1・9％、1996年には2・6％と目に見えて回復している。ところが、1997年に橋本龍太郎内閣が消費税を3％から5％に引き上げた結果、景気は失速した。そして、1998年はマイナス成長となってしまった。せっかく復興需要で震災のマイナスをカバーしていたのに、これでは台なしである。

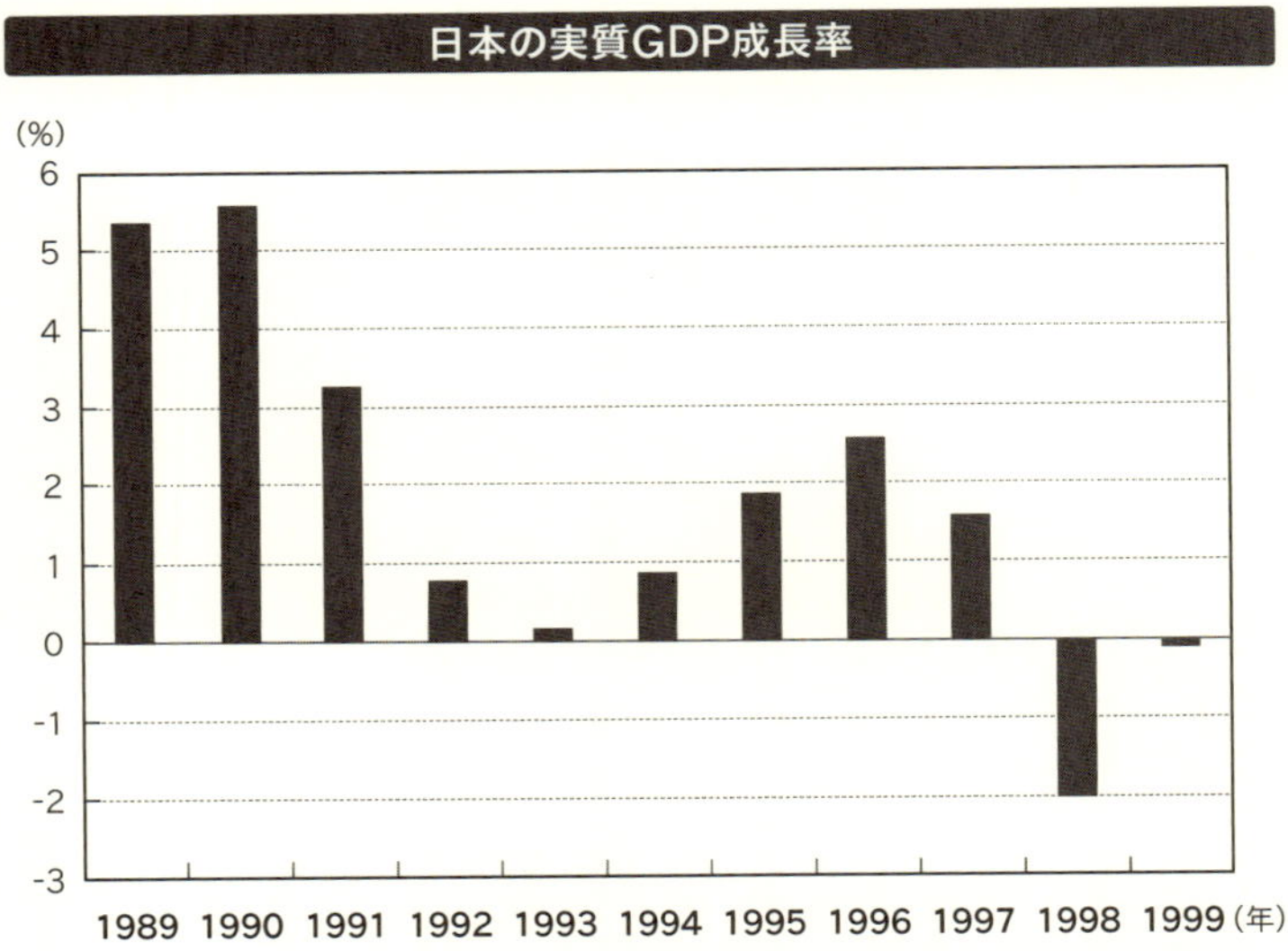

出所：内閣府　国民経済計算　長期時系列データを基に筆者作成

あれから20年以上経った今でも、過去の経験は当てはまる。政府は激甚災害に指定して復興事業を進めるということだが、復興財源をどのように調達するのか現時点では不明だ。被害を損失に変えるのか、それとも利益に変えるのか？

すべては財源の調達方法にかかっている。ピンチはチャンスなのだ。しかし、これまでピンチをもっと大きなピンチにしてしまう悪手が選択されてきたことを思うと、将来に一抹の不安を感じなくもない。

LOSS 15

ブラックアウト

北海道での2日間の
大規模停電の損失額は……

1582億円
損失

2018年9月6日未明、北海道胆振《いぶり》東部を最大震度7の地震が襲った。問題はその後だ。北海道全域で史上初となるブラックアウト（大規模停電）が起きてしまったのだ。なぜ、こんなことになってしまったのか？

ご存じの通り、電力の供給と消費は「同時同量」でなければならない。例えば、猛暑が続くと、昼間の電力消費が急激に増える。電力会社は「同時同量」を維持するために発電所の稼働を上げて、それに備える。もし、それをしなければネットワーク全体がダウンしてしまうからだ。今回の北海道全域で起こったブラックアウトも、単純に言えば、この「同時同量」のバランスが大きく崩れたことで発生した。

この時のブラックアウトの特徴は、その原因が消費側ではなく、供給側にあったことだ。当時は苫東厚真火力発電所（出力165万キロワット）によって北海道全体の電力需要（310万キロワット）の約半分を支えていた。ところが、苫東厚真石炭火力発電所が今回の地震の震源に近かったため甚大なダメージを被り、発電ができなくなってしまった。これこそが「同時同量」を維持できなくなった理由だ。

――泊原発が動いていれば全道停電は避けられた――

では、なぜ北海道電力の電源構成が苫東厚真火力発電所に偏っていたのか？　その理由は人災である。すでに指摘されていることではあるが、泊原発がまだ再稼働していなかったからだ。もし泊原発が動いていれば全道停電などという事態は避けられた可能性が高い。そして、泊原発を7年も停止状態に追い込んだのは菅直人だ。この点について、東京工業大学の澤田哲生助教は次のように述べている。

では、なぜ3・11から7年以上もたっているのに、いまだに原発が再稼働していないのか。そこには東日本大震災当時の首相、菅直人氏の深謀がある。２０１１年５月、菅氏は首相の立場を最大限に利用し、首都圏に最も近い静岡県の中部電力浜岡原発を、その非望のもとに停止させた。権力を持ってすれば、理にかなわない原発停止要請も事業者に強いることができることを天下に示したのである。続いて菅氏は、原発が「トントントンと再稼働しない」ための奇手を次々に打っていくことになる。最も強力な手段が２０１２年９月に発足した原子力規制委員会である。［ｉＲＯＮＮＡ（２０１８年９月７日）］

澤田氏によれば、浜岡原発に要求した理不尽な基準を全国に水平展開したのが新しくできた原子力規制委員会だそうだ。結果として泊原発は未だ再稼働に至っていない。とはいえ、原発のリスクに過剰に対応した結果、ブラックアウトという巨大リスクが顕在化してしまった。ひとつのリスクに完璧に備えたつもりでも、別のリスクで大きな損害を被る。危機管理の世界ではよくある話だ。

例えば、9・11アメリカ同時多発テロの後、空港での過剰な安全検査によって飛行機に乗り遅れる人が続出し、多くのアメリカ人は飛行機に乗ることを諦め、自動車で出張に出るようになった。ところが、自動車は飛行機よりも事故リスクが高い。結果として、この時期の交通事故死は1500人も増えた（IS研究所調べ）。まさに、今回のブラックアウトはそんな「業界あるある」的な側面があるのだ。

―北海道内で1日停電すると791億円の損失―

では、このリスクの顕在化によって我々はどれぐらいの損失を被ったのだろうか？　まず、停電によって失われる経済的な付加価値について考えてみよう。電力中央研究所は次のように試算している。

産業連関表（2005年、ただし全国版）によると、生産活動に中間投入される電力（の金額）は、GDPの2・3％程度であり、その逆数をとると約44である。短期的には電力は代えが効かないとみると、経済活動は、電力コスト1の投入を前提に、その44倍の付加価値を生み出しているという言い方ができる。［電力中央研究所　社会経済研究所「需給対策コストカーブの概観」（2011年）］

では、この44倍という数値を今回のケースに当てはめてみる。被害を受けた北海道電力の発電コストは部門別収支計算書（２０１７年4月1日〜２０１８年3月31日）に書いてある。これによれば、電気事業費用の総計は６５６４億円だ。これを３６５日で割ると、1日当たりの発電コストが17億９８００万円になることがわかる。これを44倍した７９１億円が1日の電力コストを消費して得られる経済的な付加価値だ。

今回のケースではブラックアウトは約2日間だったので、その分の経済的付加価値の損失は１５８2億円と試算される。

ここまでが、すでに失われた経済的付加価値だ。しかし、損失はこれにとどまらない。その後にも続いた電力不足による経済的な悪影響についても見積もる必要がある。

北海道電力の不眠不休の努力によって、全道停電状態は地震から2日後、9月8日の昼ごろには解消した。しかし、実際のところはギリギリの綱渡りだった。当時、苫東厚真石炭火力発電所の完全復旧にはまだかなりの時間を要すると見られており、それまで電源不足は続いていた。既述の通り、電力は「同時同量」なので、供給側に余裕がない間は、ブラックアウトのリスクが高く、極めて危険な状態なのだ。

そうならないように、緊急にできることは需要側の制限だ。そのため、政府および北海道電力は、東日本大震災の時に実施したのと同じような計画停電の検討をしていた。しかし、幸いなことに更なる計画停電は実施されなかった。不幸中の幸いである。

とはいえ、仮にこれが実施されていたとすると、経済的な損失はさらに拡大していただろう。試しにその損失額を計算してみよう。東日本大震災の計画停電に伴う経済的な損失については、以下のような推計があった。

三菱UFJモルガン・スタンレー証券チーフエコノミストの佐治信行氏が一定の前提を置いた上で試算したところによると、1都8県（東京都、茨城県、栃木県、群馬県、埼玉県、千葉県、神奈川県、山梨県、静岡県の一部）の対象地区が3時間の停電を（3月14日から）4月末まで続けた場合、5・4兆円、1年間のGDPの1・04％が失われる。［REUTERS（2011年3月15日）］

実際には複雑なサプライチェーンがあり、どのような影響が出るのか試算は難しいが、ざっくり県内生産額で比較すると、この時の被災地の経済規模は東日本大震災の被災地の10分の1程度になる。これを単純に当てはめると、仮に東日本大震災の時と同程度の期間計画停電が行われるとするなら、損失は年間で5000億円程度になる。

計画停電こそ幻に終わったが、実際に当時政府が呼びかけていた20％の節電によって失われた経済的な付加価値は1週間当たり1107億円と推計される。

2日間のブラックアウト（1582億円）と1週間の節電（1107億円）を合算すると累計損失額は最低でも2689億円だ。もし、計画停電を実施していたら、節電の損失が消えた分、停電の損失5000億円が上乗せされ、損失額は年間約6582億円になっていた可能性もある。停電に伴う経済的な損失はこれほど膨大な数字となるのだ。「たかが電気」などと揶揄していたミュージシャンがいたそうだが、ぜひこの損失金額を見てよく考えてほしいものだ。

ちなみに、北海道電力が泊原発の再稼働に向けた安全対策の予算は約2000億〜2500億円である。この損失額に比べれば十分採算のとれる金額だと思う。

北海道電力は（2015年3月）24日、泊原子力発電所（泊村）の再稼働に向けた安全対策に2011年度から18年度までの8年間で2000億〜2500億円を投じると発表した。原子力規制委員会の新規制基準に対応するため、従来計画より5割ほど増やす。11月を想定していた再稼働時期については、記者会見した真弓明彦社長が「かなり厳しい」と発言し、12年5月から続く停止期間が長引く見通しを示した。［日本経済新聞（201

5年3月25日)]

前出の澤田哲生氏によれば、今回の地震で泊原発が観測した揺れは、せいぜい10ガル以下である。泊原発は100～300ガルの揺れを観測すると安全のため緊急停止するが、10ガル以下ではまったく運転に支障はない。もし泊原発が稼働していたら、2018年9月の地震当日は停止せず運転を続けていた可能性が高い。泊原発の1号機と2号機は57・9万キロワット、3号機は91・2万キロワットの出力がある。3基とも稼働していたら、出力の合計は苫東厚真石炭火力発電所の出力165万キロワットを上回る。

おそらくブラックアウトもなければ、計画停電の検討すらも不要だったのではないか？仮に一時的な停電が発生していても、復旧は早く、被害は桁違いに少なかっただろう。

地震後、全電源が停止したことによって、人工透析を受けている人、ICUで処置中の人に多大なる迷惑がかかっていたと聞く。電源喪失は人の命に関わる問題であることを再認識すべきだ。しかも、原発は二酸化炭素を排出しないエネルギー源である。環境問題を真剣に考えるなら、ひとつの選択肢として具体的な議論をすべきではないか。原発をタブー視して議論を避けてばかりでは何も始まらない。原発の再稼働について、真剣かつ具体的に検討すべき時期が来ていると私は思う。

LOSS 16

空き家

空き家が存在することによる
機会損失額は……

4兆2500億円
損失

日本中に空き家が増えている。総務省統計局より２０１９年４月に公表された「住宅・土地統計調査」によれば、２０１８年の空き家率は13・６％とのことだ。日本中の建物は７軒に１軒は空き家ということになる。

由々しき事態だが、この数字はかねてより野村総研が予想していた数値16・１％よりは低い結果となった。これは戸数にして180万戸もの誤差である。この点について、2019年6月、野村総研は「2030年の住宅市場と課題～空き家の短期的急増は回避できたものの、長期的な増加リスクは残る～」というレポートで、次のように釈明している。

・新設住宅着工戸数に対する除却戸数の割合（除却率）は過去一定の傾向だったので、2018度予測ではその傾向が続くと仮定したが、2013～17年度の実績は約62％に大幅上昇してしまった。

・建て方別では一戸建の除却率が直近5年で大きく上昇した。

［NRI（2019年6月20日）］

除却戸数とは、取り壊しになる戸数のことだ。野村総研は2000年以降、除却率が新設住宅着工戸数に対して30～40％の間で推移していることから、2013～2017年の除却率を33・3％と予想していた。ところが、実績値はそのほぼ2倍に相当する62％となってしまった。特に、一戸建ての除却率は予想を超えて大幅に上昇した。

しかし、問題は自然に解決したわけではない。同レポートによれば、今後の除却率が現在の水準で高止まりした場合でも、2033年に空き家率は17・9％に上昇するとのこと

空き家により生じる周辺の地域や環境に対する影響

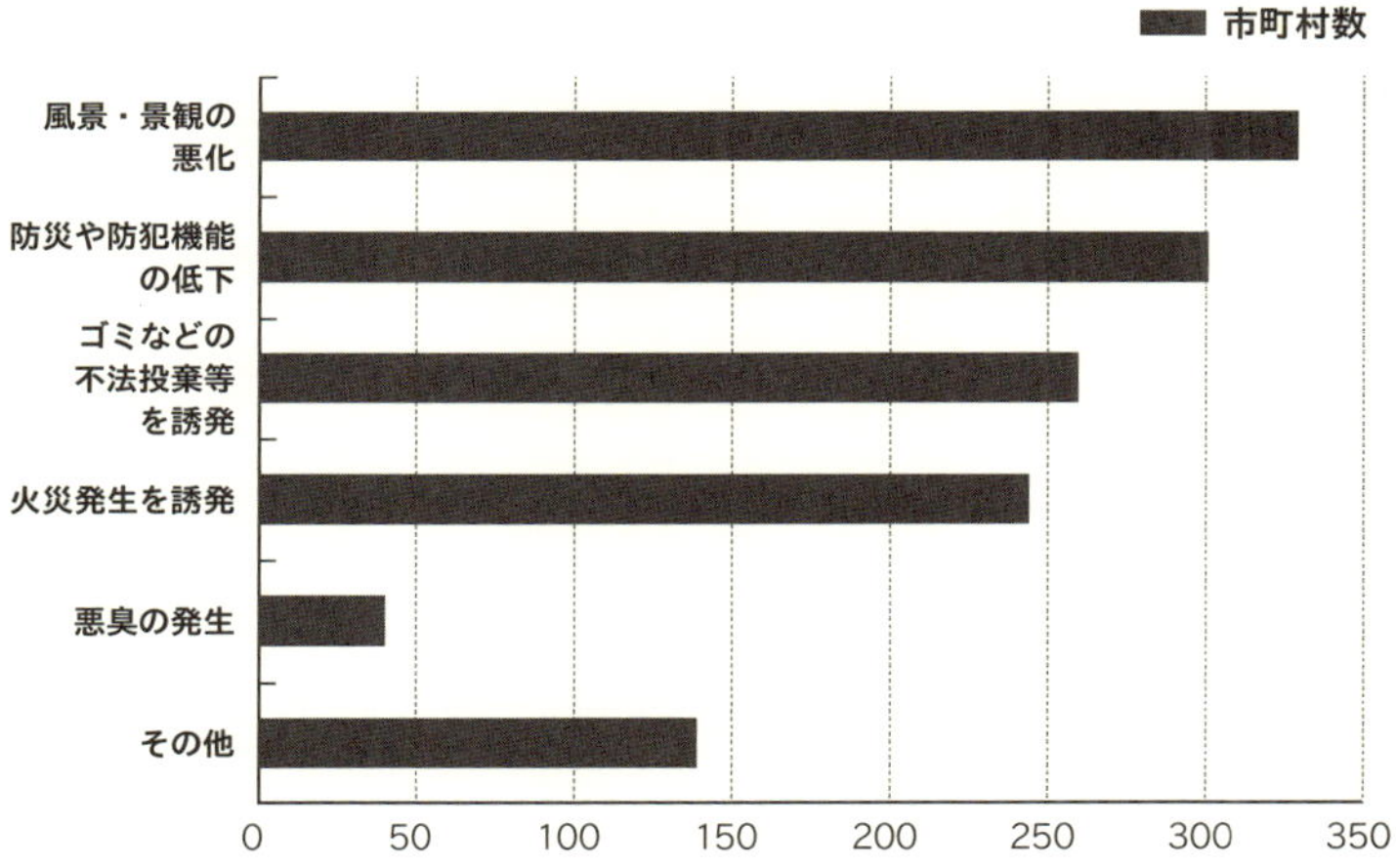

出所：国土交通省

だ。また、ここ5年間の高い除却率は異常な値で、今後それが5年前のもとの水準に戻る場合、2033年の空き家率は25・2％まで上昇する。空き家率を13・6％のまま保つには「新設住宅着工戸数と同等、もしくはそれ以上の除却戸数が必要」（同レポート）なのだ。

空き家はその存在自体が損失の塊だ。国土交通省の実施した「地域に著しい迷惑（外部不経済）をもたらす土地利用の実態把握アンケート」（公益財団法人　東京市町村自治調査会　2009年4月）によれば、空き家の社会的損失として人々が感じていることは、上のグラフの通りだ。

――空き家を１軒撤去すると50万円の利益――

では、これらが実際にどれぐらいの損失を生んでいるのだろうか？　東京大学公共政策大学院に通う学生のレポートに興味深い推計を発見した。その内容は、空き家を撤去することの便益（❶犯罪による社会的費用の減少、❷火災による社会的損失の減少、❸管理費用の縮小）と費用（❶空き家の調査費用、❷建物の解体撤去費用、❸管理費用）を、モンテカルロ感度分析によってさまざまなケースで推計し、総合したものだ。

その詳細は長くなるのでここでは省略するが、結果は以下のようなものだった。

分析の結果、空き家が１軒減ることにより、窃盗・傷害・強盗・火災の年間被害額がそれぞれ８万７０００円、６万９０００円、８０００円、１万７０００円減少すると推計され、空き家１軒あたりの政策の総便益の現在価値は４５１万８０００円にのぼることがわかった。一方、費用面では、空き家１軒あたりの調査費用、解体撤去費用、撤去後の管理費用の現在価値はそれぞれ３５００円、３２７万円、74万３０００円程度であると予想され、空き家１軒あたりの政策の総費用の現在価値は４０１万６０００円と算出された。［東

京大学公共政策大学院　江崎真悟、阪下竜也、戸矢通義、中村祐太「空き家対策の費用便益分析」（2012年度）」

この推計結果より、「社会的便益は平均で50万円、社会的費用を上回り、B／Cは約1・12となり、0・65といった高い割合で費用便益分析をパスする」とのことだ。つまり、空き家は放置すると社会的損失になり、撤去すれば社会的な利益になるということだ。ちなみに、現在全国に850万戸の空き家が存在すると言われているので、これに1軒当たり50万円の利益を掛け合わせると4兆2500億円になる。これは空き家が存在することによる機会損失と言い換えてもよいのではないだろうか。

また、政策研究大学院大学まちづくりプログラムの藤田幸夫氏の修士論文によれば、空き家による社会的損失には次のような特徴があるそうだ。

❶居住ありの老朽家屋等と空き家の老朽家屋等とで外部不経済の大きさに統計的に有意な差は確認されなかった。したがって居住者の有無は、老朽家屋等の外部不経済の大きさを左右する特性ではないと推察される。

❷老朽危険度が外部不経済の大きさにも反映しているものと推察される。

❸老朽家屋等の外部不経済は危険度のみによるものではないことが示された。予想される要因としては、例えば老朽化による汚損等が周辺地域に景観上の悪影響をもたらすことで市場に負の評価をされ、地価の下落をもたらしている等が考えられる。

❹外部不経済と除却による外部不経済の解消効果はいずれも100m程度の広域に及ぶ可能性があることとなる。［政策研究大学院大学　まちづくりプログラム「老朽家屋等の外部不経済と行政による対策のあり方について」（2017年2月）］

空き家は古くても新しくても、危険な状態にあってもなくても、社会的な損失には大差がない。そして、その悪影響は景観上の悪評を通じて地価を引き下げ、周辺100m程度の範囲に波及する。まさに空き家は地域の疫病神、百害あって一利なしの存在である。

ところが、今の日本の法律では空き家を簡単に撤去することはできない。2015年に「空家等対策の推進に関する特別措置法」という新しい法律ができたが、2019年5月の段階で850万戸の空き家に対して撤去されたのはたったの118件だ（「朝日新聞デジタル」2019年5月5日）。

空き家対策の救世主と言われていた法律なのに、なぜこんなことになるのか？　実は、この法律には穴があった。撤去することができる「特定空家等」の定義が厳しすぎるのだ。

この法律において「特定空家等」とは、そのまま放置すれば倒壊等著しく保安上危険となるおそれのある状態又は著しく衛生上有害となるおそれのある状態、適切な管理が行われていないことにより著しく景観を損なっている状態その他周辺の生活環境の保全を図るために放置することが不適切である状態にあると認められる空き家等をいう。

［空家等対策の推進に関する特別措置法　第二条2］

前出の藤田氏の研究によれば、空き家は危険度に関わりなく周辺100mの範囲に悪影響を及ぼしている。ところが法律が定義する「特定空家等」はあくまでも倒壊の危険がある、または衛生上有害な空き家なのだ。この法律制定から4年が経過しても、撤去件数がたった118件なのは、まさにこれが理由だ。つまり、この法律に従ってすべての「特定空家等」が撤去されたところで、「空き家すべて」の社会的損失はゼロにならないのだ。

――空き家は無理やり活用せず取り壊すべき――

そこで、地方自治体は状態のよい空き家については、撤去するよりも、活用することを目指している。例えば、こんなニュースがある。

広島・尾道、空き家再生100軒　移住者、短所は承知

空き家問題が全国的に深刻さを増す中、NPO法人の尾道空き家再生プロジェクト（豊田雅子代表理事）が着実に成果をあげている。NPO化して10年で広島県尾道市の約100軒の空き家を再生。昨年は移住者の子が15人生まれ、街のにぎわいも増している。マッチングの秘訣は空き家のデメリットを隠さず伝え、必要としている人に的確に情報を届けることだ。［日本経済新聞（2018年8月24日）］

この記事を一読すると、尾道市で空き家問題が順調に解決しているような錯覚を受ける。しかし、それは甘い。記事をよく読むと「10年で100軒の空き家再生」と書いてある。これが事実なら1年当たり平均10軒、つまりせいぜい1カ月に1軒しか再生できていないことになる。

ところが、尾道市の総空き家数は7353件である（尾道市空家実態調査報告概要　調査期間　2015年10月19日〜2016年3月31日）。島しょ部を除外した旧尾道市内限定でも4304件となっており、今のやり方ではこれだけでも単純計算で430年かかることになる。そのころには空き家は朽ち果てているだろう。

また、同調査によれば「16年度調査で約300店の25%が空き店だった繁華街『新開』

でも17年度は16店が新規開店。その多くが移住者だ」とのことだが、これも単にアベノミクスの恩恵かもしれない。なぜなら、尾道市の観光客数は2012年に623万人だったが、2016年には675万人に増加しているからだ。これに合わせて、年間の卸小売り商品販売額合計が2978億円（2012年）から3163億円（2016年）に増えている。つまり、パイの拡大こそが繁華街の活性化に寄与したわけで、空き家の活用と補助金だけでこの結果になったというのは、さすがに強引ではないか。

政策的に、空き家の活用をしやすくすることは大事だが、景気がよくなればそんな政策的な措置がなくてもいろんな人がチャンスを探して勝手に空き家を使い出す。NPOが非営利で美しくやることをマスコミはもてはやすが、非営利でやらざるを得ないのは、まだ景気の回復が足りないからだ。もっと景気がよくなれば、空き物件として使いたい人や取り壊して再開発したい人が出てくるはずだ。

根本的な対策なしに、補助金を垂れ流して空き家を無理やり活用するのは、やめた方がよい。空き家には害しかないのだから、すぐに取り壊すべきだ。現在、建物さえ建っていれば受けられる固定資産税や都市計画税の減免措置などは即座に廃止すべきだろう。税負担の増加が嫌なら、自分で住むか人に貸せばよい。資産を抱え込んで人に使わせないケチな人には、これぐらいの制裁でちょうどよいのではないか。

LOSS 17

交通渋滞

全国で1年間に発生する
交通渋滞による損失額は……

12兆円
損失

渋滞による社会損失について、建設白書には次のような記述がある。

道路交通需要の大きな伸びや非効率な自動車の使われ方の増加等により、道路交通渋滞の状況は深刻化しており、全国で年間に発生する渋滞損失は約12兆円、国民1人当り年間

渋滞損失時間の割合

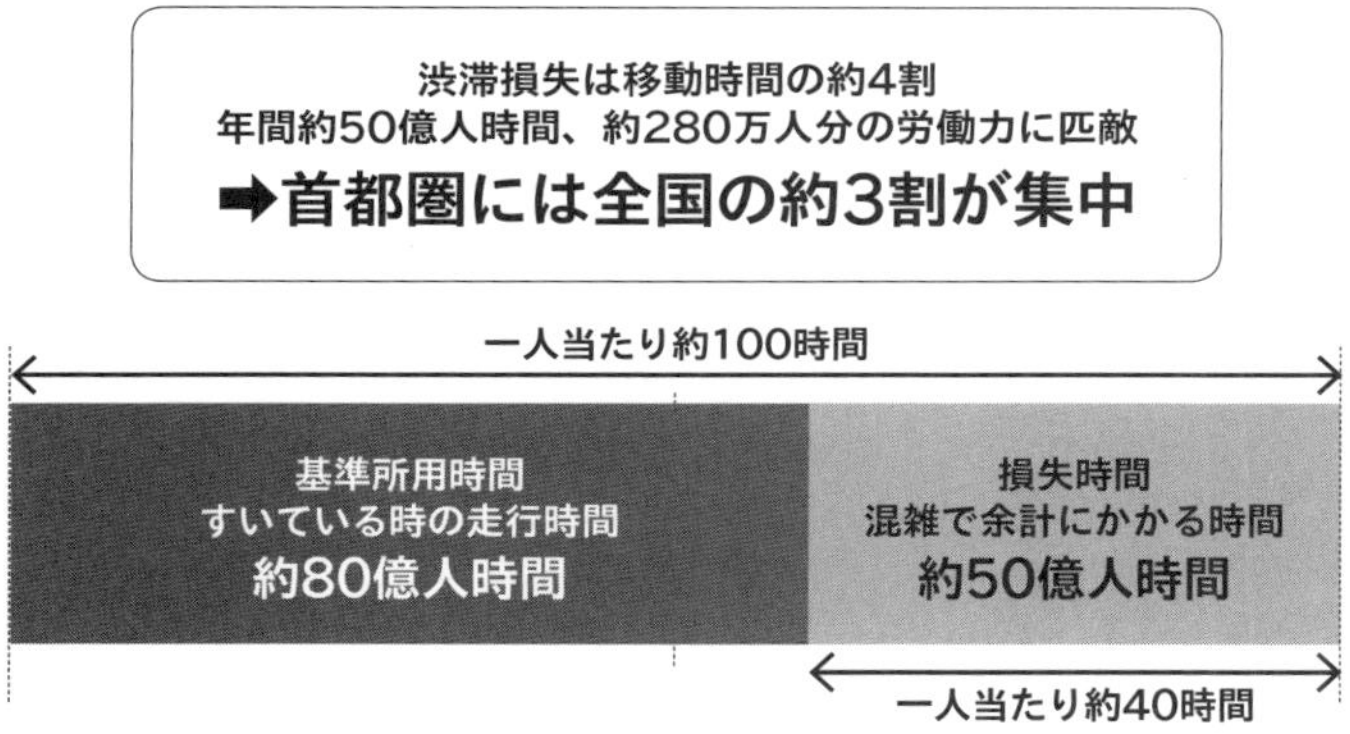

出所：国土交通省「首都圏白書（平成28年版）」

約42時間にのぼり、環境問題、経済効率の低下等を引き起こしている。［建設白書（平成12年版）］

首都圏白書（平成28年版）によれば、首都圏の渋滞時間は全国の渋滞時間の約３割に相当するそうだ。この数値は、東京都、神奈川県、千葉県、埼玉県の県内総生産を合計した数値と日本全体のＧＤＰを比較した割合の33％にほぼ一致している。経済活動と交通量には一定の正の相関関係が認められるのではないだろうか。警視庁の統計「平成30年中の都内の交通渋滞統計（一般道路、首都高速道路）」によれば、２０１４年の年間渋滞距離数を１００とすると２０１８年は98である。多少改善しているが微々たるものだと考えると、年間12兆円の社会的損失は、未だに垂れ流されているということになる。

民主党政権下で盛んに喧伝された「コンクリートから人へ」というスローガンは、道路建設などの公共事業に多額の税金が投入されることを非難するものだった。しかし、新しい道路を建設することで渋滞を減らせるのであれば、社会的損失を減らすことができる。そういう道路は「よい道路」と言えるし、批判には当たらない。ただ、もちろん世の中には「悪い道路」もある。つくってもまったく渋滞減少に効果のない道路は確かに「悪い道路」であり、大抵それらは経済的な理由よりも、政治的な理由で建設されてきた。道路はつくったら最後、その維持費が未来永劫かかる。だから、「悪い道路」はないに超したことはない。しかし、だからといって「よい道路」までつくらないのでは本末転倒だ。

今、新東名高速道路の東側を御殿場から秦野に延伸する工事が行われている。これを秦野どころか圏央道か東京外環自動車道まで接続してみてはどうだろう？　東京都の都内総生産は全国の19％を占めている。渋滞解消による社会的損失回避効果は絶大だ。「よい道路」になることは間違いないだろう。ただ、この考え方には一抹の不安がつきまとう。

――交通インフラ投資は「無限ループ」にはまる――

人口が集中していて経済活動が盛んな都心エリアほど、渋滞による経済損失が大きく、それを解消するための多額の交通インフラ投資が必要となる。それは結果として都心エリアへの投資の集中を招く。ところが、便利になった都心エリアにますます交通が集中し、再びインフラ不足から経済損失が発生する。それを解消するために再度交通インフラ投資がなされる。新しい道路ができて便利になるたびに車が都心に集中し、その解消のための交通インフラ投資が繰り返されることを「交通インフラ投資の無限ループ」と名づけよう。

都心が便利になれば相対的にそうでない地方は不便になる。このマイナス面が集計に含まれていなければフェアではない。2000年9月に発表された建設省建設政策研究センター（当時）の論文に、この点に関する答えがあった。

完全競争を仮定すると、社会資本整備による波及効果はすべて相殺され、その合計値はゼロになる。このことは、直感的には以下のように説明できる。例えば、完全競争の状態にある経済において、交通市場からの波及効果により、ある市場の財の価格が変化したとする。この場合、その財の売り手は財の価格の上昇により、利益を得るが、財の買い手は、価格の上昇により、売り手が得た利益と同額の損失を被る。よって、差し引きはゼロになる。これが、波及効果を受ける全ての財についてあてはまるため、全体として、波及効果

はゼロになる。（中略）

重要なのは、あくまでも、波及効果全体として見たときに合計値がゼロとなるだけであり、影響を受ける個々の経済主体にとってみれば、プラスの波及効果を受ける主体、マイナスの波及効果を受ける主体の双方が存在するという事実である。［建設省建設政策研究センター「交通ネットワーク形成効果に関する研究～交通社会資本整備と応用一般均衡分析～」（2000年9月）］

なんと、交通インフラへの投資は、日本全体で見ればメリットとデメリットが相殺されてゼロになってしまうそうだ。確かにそうかもしれない。

例えば、明治維新以前は日本国内の物流は廻船問屋によって支えられていたため、全国津々浦々に和舟を修理するためのドックがあり、船大工がその仕事で儲けていた。ところが、鉄道インフラが整備されたことで、船による輸送は大打撃を受ける。多くのドックは潰れ、港町は「シャッター通り」になった。その代わり、鉄道の駅の周辺には新たな都市と産業が勃興する。船から鉄道に交通インフラを切り換えた時、都市の新興商工業者の勃興というメリットは、大量の船大工の失業というデメリットに相殺されてしまった。

しかし、もう少し広い視点で見ると話は変わってくる。当時の日本は、物流網を鉄道に切り替えたことで、内陸部から大量の生糸、絹織物を輸送することができるようになった。それを海外に大量に輸出することで、日本は多くの外貨を稼いだ。江戸時代からの物流網のままでは生糸、絹織物の製造販売、輸出のサプライチェーンを構築することは不可能だったであろう。

このように交通インフラは、その国の経済の発展段階に合わせて最適な組み合わせが存在する。言ってみれば、これは国が生き残りをかけて取り組む課題であり、単に混んでいるから道路整備とか、地元の先生が利益誘導とか、そういう問題ではないのだ。

ちなみに、鉄道による物流は戦後一気に衰退した。現在、日本は自動車輸送が国内輸送分担率の5割を占めている。鉄道はその10分の1だ。これは産業構造のみならず、消費者の趣向も変化し、大量生産大量輸送の時代が終わったことも関係している。

ただし、次ページのグラフを見ると、自動車による輸送分担率は2010年の54・7％をピークに微減し、その後は横ばいだ。自動車輸送の全盛期は戦後長らく続いたが、ひょっとしたら転換期も近いのかもしれない。実際にドローンによる輸送の実用化に向けて世界中でさまざまな実験が行われている。また、昨今のVR、ARのテクノロジーによって、そもそも人が移動しないで体験を共有することも可能になりつつある。テレワークによる在宅勤務などはその典型だろう。国内貨物の輸送量を見ても、リーマンショックの翌年（2

国内貨物の輸送分担率

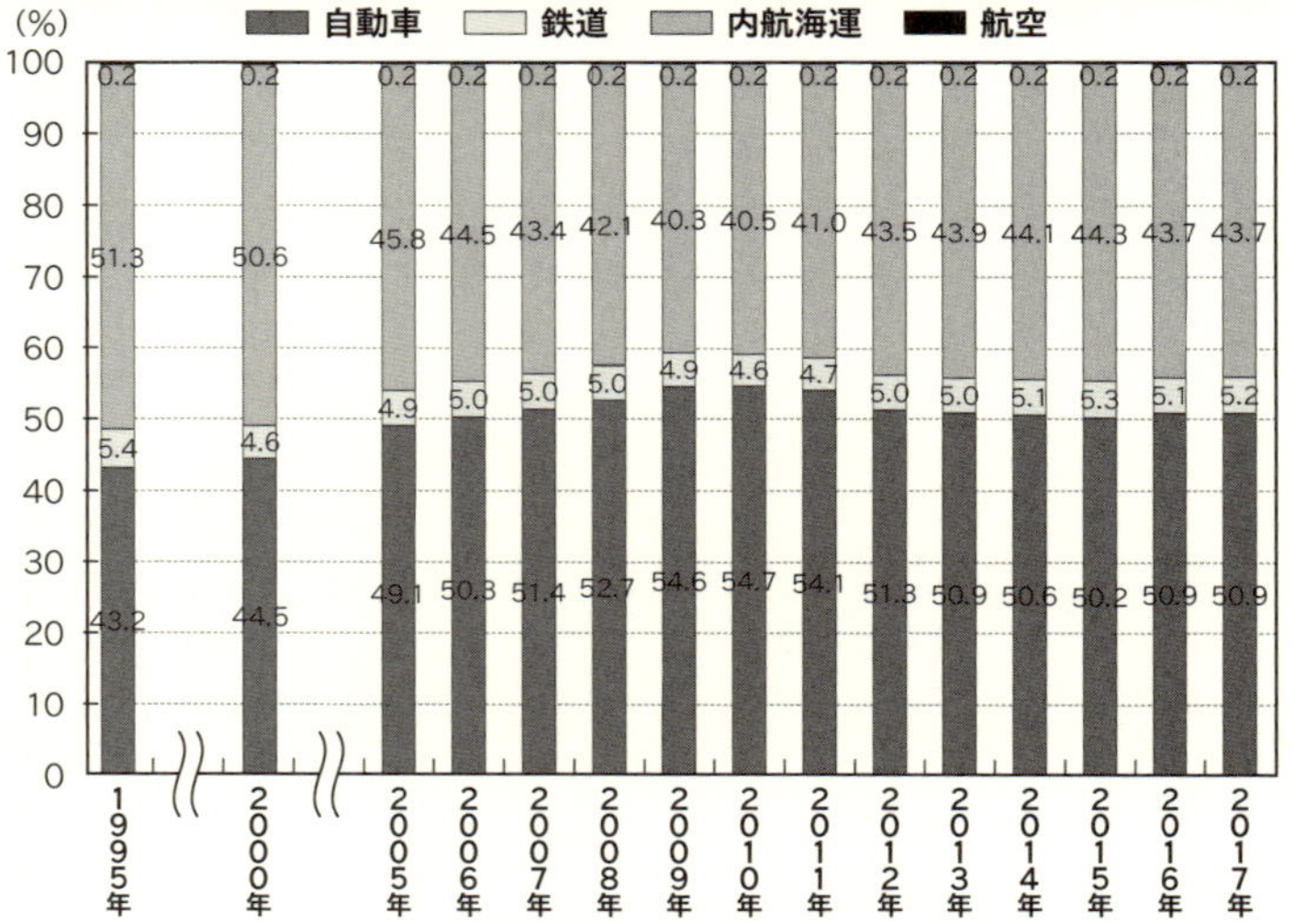

注：小数点２位以下を四捨五入しているため、合計が100％とならない年がある。

出所：国土交通省

００９年）に50億トンを下回ってからずっと横ばいで推移している。大変興味深いことに、アベノミクスが始まった２０１２年末以降もそれは横ばいのままだ。

そういえば、最近免許を取らない若者が増えているらしい。経済全体がモノをやり取りすることよりも、情報をやり取りすることにシフトしつつあるのではないか？交通インフラへの投資も、社会的損失への対症療法ではなく、こうした全体の流れを見ながら進めるべきだ。そもそも、将来的に自動車の台数が減れば、問題は自然と解決してしまうかもしれない。

LOSS 18

有給休暇未消化

国内企業の年次有給休暇の未取得による損失額は……

12兆円損失

旅行サイトのエクスペディアが毎年行っている有給休暇に関する調査によると、2018年も日本人の有給休暇取得率は先進国では最低だった。日数で見ても最下位である。残念ながら、この不名誉な状況は3年連続で続いている。

では、日本人は全然休んでいないかというと、そうでもない。休日と祝日も加えた総休

各国・地域の有給休暇取得率

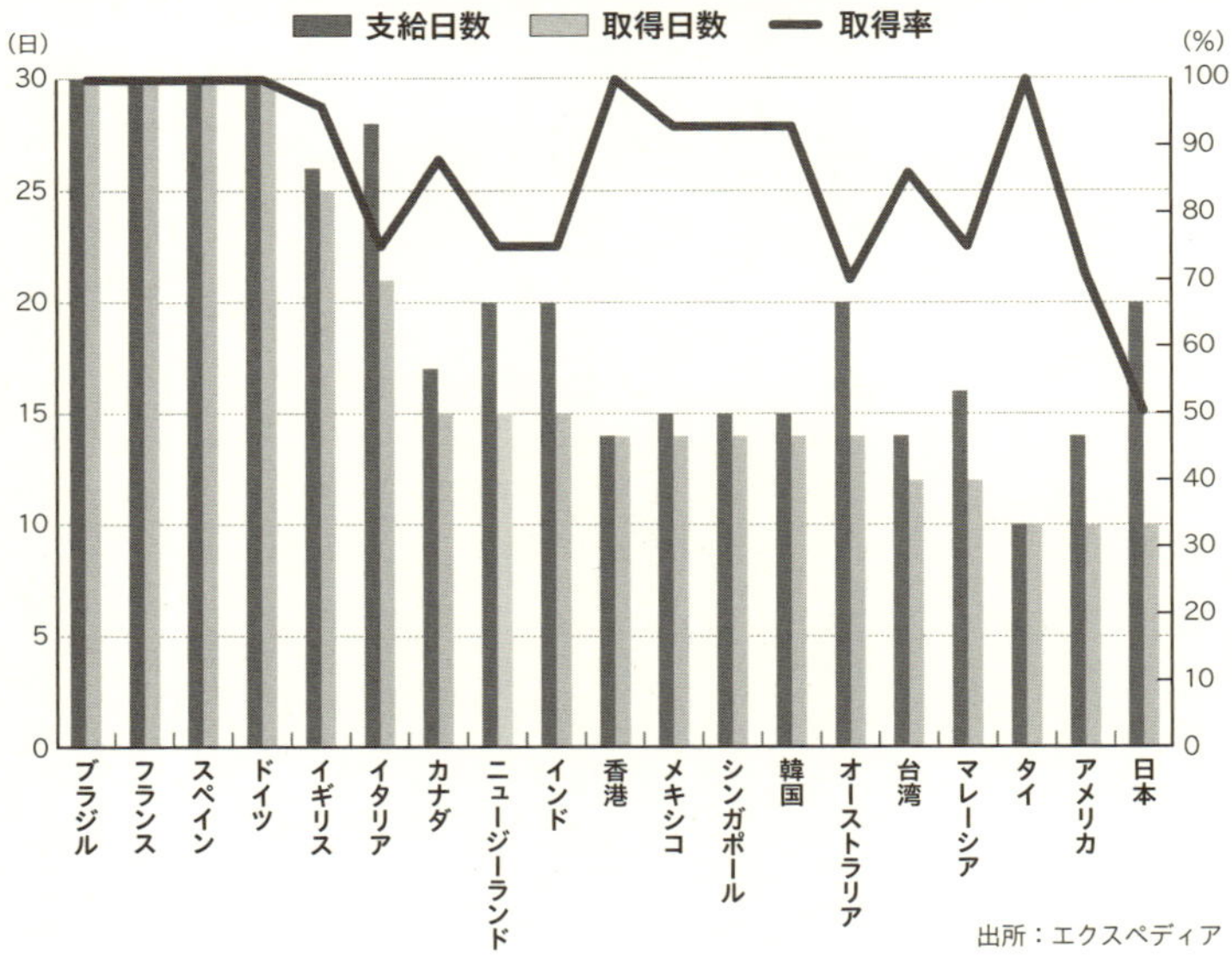

出所：エクスペディア

日数で見ると次ページのグラフのようになっている。

日本ではやたらと休みが多いと思われているフランスの年間休日数は１３７日。これに対して日本は１３８・２日！　なんと日本の休日数はフランスを超えていたのだ。

しかし、喜ぶのはまだ早い。日本の有給休暇取得率は5割しかない。支給有給休暇の半分の９・１日は未消化で休めていないのだ。この分を差し引くと、日本の休日数は１２９・１日となる。フランスの有給休暇取得率は１００％なので休日数は１３７日。残念なが

各国の年間休日数

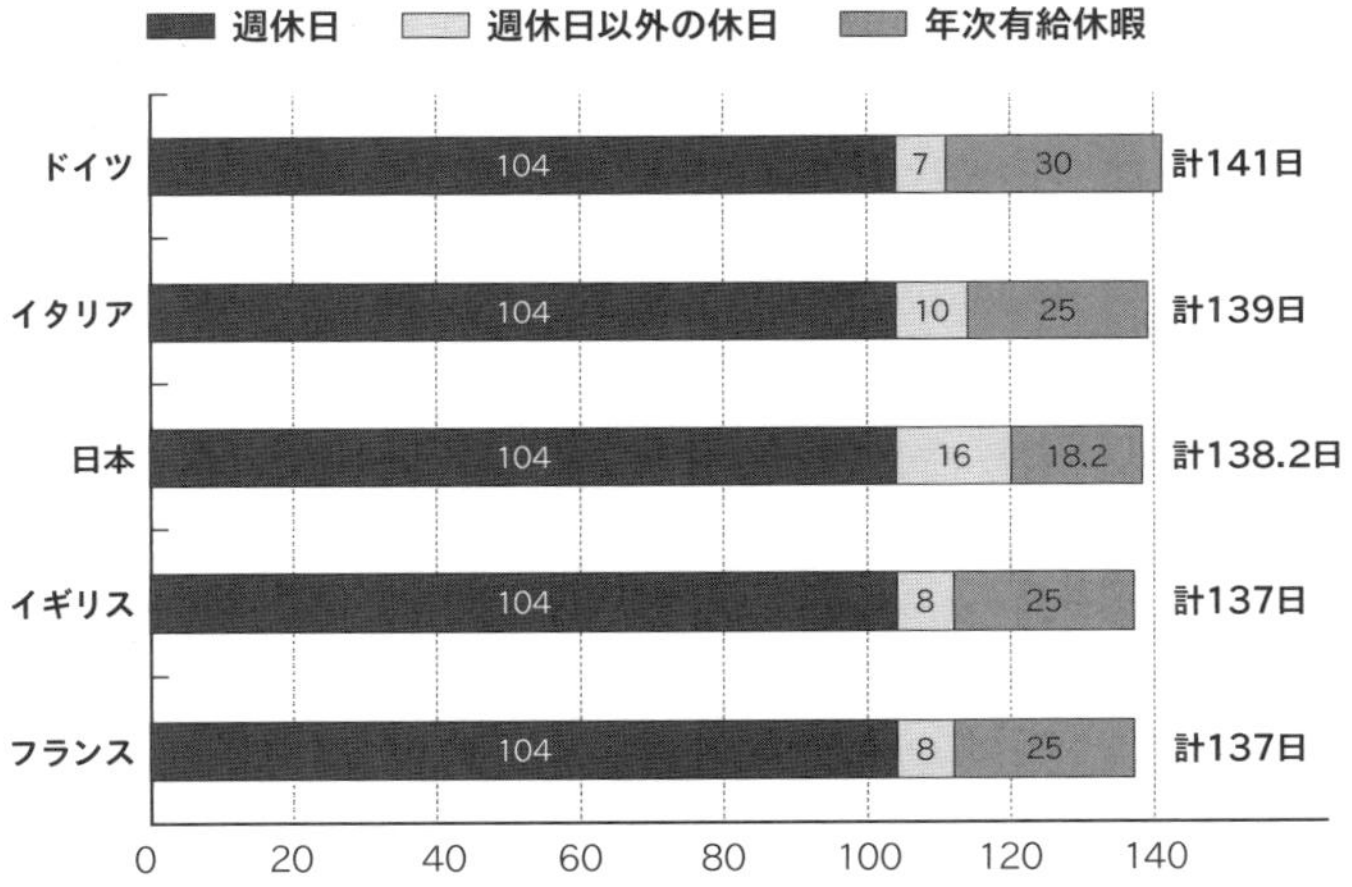

出所：独立行政法人労働政策研究・研修機構

らフランスを超えたというのはぬか喜びだった。

　世の中には「休日が多いと、その分仕事が進まない。だから、その分経済が停滞する」と思い込んでいる人が少なからずいる。この点についてデータで検証しておこう。次ページの表は5カ国の1人当たりGDPを比較したものだ（「修正済み年間休日数」は休日と祝日に、有給休暇数と取得率を掛け合わせた正味の休日数を加えて算出した）。

　この表を見ればわかる通り、休日の一番少ない日本の1人当たりGDPは、もっと休日の多いドイツよりも少ない。フランスはほぼ同額だが、休みは日本

1人当たりのGDP比較

	修正済み年間休日数(日)	1人当たりのGDP(ドル)
ドイツ	141.0	44,560
フランス	137.0	38,408
イギリス	136.0	39,626
イタリア	132.8	34,558
日本	**129.1**	**38,481**

出所：筆者作成

よりも約8日多い。ドイツに至っては休みが約12日も多いのに、日本よりも1割以上余計に稼いでいる。「休みが多いと稼げない」という話は、少なくともデータが示す現実とは違う（とはいえ、1人当たりGDPはドル換算されているため、円高になると勝手に増えてしまうという欠点がある。ただ、その点を差し引いて考えても、やはり日本人は働いている割に稼ぎが少ない）。

――有給休暇取得の経済波及効果――

では、欧米のようにもっと休めば稼げるようになるのだろうか？　慶應義塾大学の桜本光教授の論文（「長期休暇改革の経済的効果」２００５年）によれば、「約5割しか取得されていない年次有給休暇のすべてが取得されると、約12兆円の経済波及効果と

150万人の雇用を創出できるという結果が得られた。大きな設備投資等を伴わない政策としては、極めて大きな効果といえよう」とのことだ。休暇の増加による経済効果は毎年約12兆円もあるそうだ。その主な内訳は以下の通りだ。

・年次有給休暇完全取得による生産誘発効果は「7・4兆円」、雇用創出は「56万人」
・新規雇用による生産誘発額は、「1・9兆円」
・代替労働による雇用は「92万人」、生産誘発額は「2・5兆円」
[慶應義塾大学教授　桜本光「長期休暇改革の経済的効果」]

アベノミクスで2012年から増加した雇用者数は384万人（2018年時点）である。150万人の新規雇用とはその約4割に相当する人数だ。もしこの話が本当なら、アベノミクスのリブートに来年から社員の有給取得率を100％にすることを義務づけた方がよい。例えば、有給取得率が100％未満の社員が1人でも出た会社は社長を逮捕し、頭として休暇を取らない社員は即刻解雇できるよう法整備するのはどうだろう。これで約12兆円もの経済波及効果と150万人の新規雇用を生み出せるのであれば安いものだ。

しかし、本当にそんなによいことずくめなのか？　もし労働生産性が変わらないなら、休暇が増えることによって企業の人件費の負担は増えるのではないか?

例えば、ある労働者が1週間休んだとしよう。突然仕事のやり方が効率化して、いつもより1人少ない人数で仕事を終わらせることはできまい。普通は休暇を取らないスタッフの残業代が増えたり、穴埋めするための新たに雇用した分の人件費が増えたりするはずだ。もちろん、そういうことをせずに1人少ない人数で回してしまうケースもあるだろう。会社はもとから余剰人員を雇っていて、普段は生産性をわざと落としながら営業しているのか、それともサービス残業で埋め合わせているのか?

いずれにしても、有給休暇の100%取得が義務化されれば、正社員の雇用コストが増加することは間違いない。要は、そのコスト増を埋めて余りある売上が見込めるかどうかが問題なのだ。売上が見込めるなら、企業はこれまで通りかそれ以上の正社員を採用するだろう。売上が見込めない場合、企業は正社員の採用を手控え、どうしても人手が足らない場合は非正規雇用や外注など有給休暇を与える必要のない人員を増やすことになるだろう(ただし、非正規雇用など所定労働時間が短い労働者に対しても、6カ月以上継続勤務し全労働日の8割以上出勤した場合には、有給休暇を与える必要がある)。

では、将来的に売上の増加が見込める状況とは、どんな状況だろう? それは間違いなく、将来景気がよくなるという見通しがある状況だ。逆に、消費税が増税されて、大きな台風が来てインフラが破壊されたのに復旧がちっとも進まず、しかも国会では野党が日程を人質に取って法案審議に応じないといった状況なら、人々は景気の先行きに不安を抱く。経営者も同じだ。そんな時、有給休暇を義務化したら、経営者は採用を減らし、非正規雇用を増やし、既存の社員のボーナスや残業代も抑制するだろう。

正社員の有給休暇取得が義務化されることは、別の見方をすると、今までより短い労働時間に対して同じ給料を支給しなければならないことを意味する。つまり、これは時給アップと捉えることも可能だ。

――政府による強引な時給引き上げは失業者を増やす――

では、不況下で無理やり政府が法律などで時給を上げることを義務づけたらどうなるだろう？　この点については、韓国政府が行った壮大な社会実験が参考になる。ご存じの通り、韓国は輸出が経済の主軸であり、なかでも半導体は国の生命線だ。ところが、韓国政府は世界的な半導体不況のまっただなかで、最低賃金を大幅に引き上げた。その引き上げ率は、２０１８年が16・４％、２０１９年が10・９％だった。

その結果、失業率は２０１８年には３％台だったものが、２０１９年１月には４・４％

まで跳ね上がり、その後は概ね4%台を推移するようになった。給料が上がった人と仕事がなくなった人で明暗がわかれ、格差は広がった。やはり、景気の悪い時にこういう政策をやってはいけないのだ（ちなみに、2019年8月に失業率は突如として1%下落した。これは、韓国政府が予算を投じて高齢者を大量に雇ったことと、週36時間未満の短時間の雇用が急増したことが原因だ。明らかにつくられた数字であり､長期的には何の意味もない)。

「12兆円もの経済波及効果と150万人の新規雇用」は有給休暇の完全消化のみによってもたらされるものではない。それだけ雇用のコストが上がっても、それでも従業員を雇いたくなるほど景気がよくなければ、絶対に実現できない数字だ。そして、景気の悪い時に実行すれば、むしろ逆効果である。

そういう意味で、働き方改革と祝日の増加に一抹の不安を感じざるを得ない。民主党政権時代の悲惨な状況に比べればずっとマシだが、消費税増税によって消費が低迷するなか、本当にこんなことをして大丈夫なのか、とても心配だ。

第3章

国家の戦略による損失

LOSS 19

高齢化と年金

2055年時点の日本のGDPは……

1000兆円

現状の約2倍

経済財政諮問会議は２０１４年１月に「選択する未来」委員会を設置し、「今後半世紀先を見据え、持続的な成長・発展のための課題とその克服に向けた対応策」について検討を進めてきた。その報告書のなかに「人口急減・超高齢化が経済社会に及ぼす影響」としては以下の４点が挙げられている。

厚生労働省の特設サイトに掲載されているイラスト

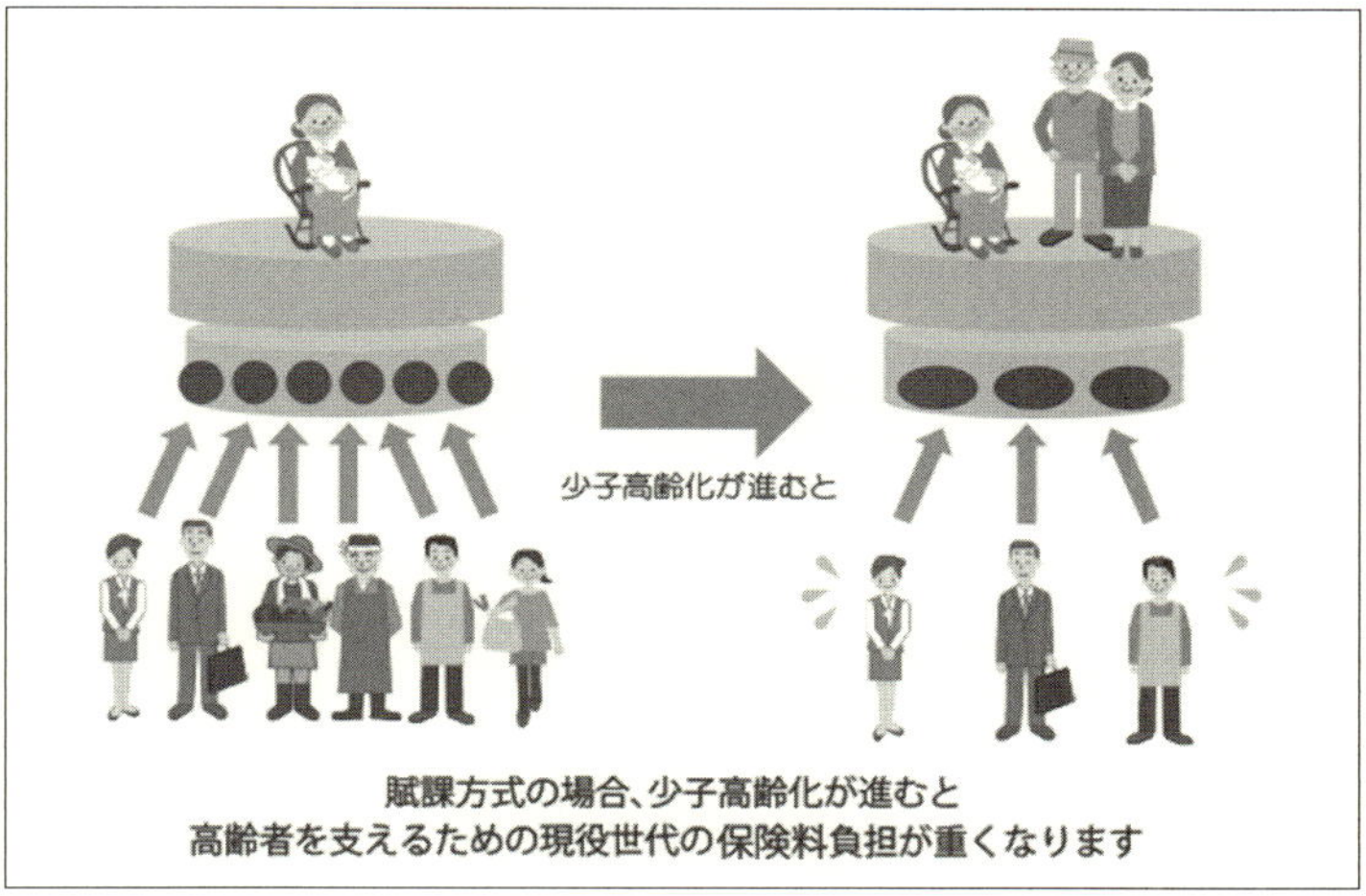

出所：厚生労働省「いっしょに検証！公的年金」

❶経済規模の縮小――人口オーナスと縮小スパイラルが経済成長のブレーキに
❷基礎自治体の担い手の減少、東京圏の高齢化
❸社会保障制度と財政の持続可能性
❹理想の子ども数を持てない社会

このヘッドラインを見る限り、日本の未来は暗いと言わざるを得ない。確かに、少子高齢化によって働く人が減り、支えられる人が増えれば社会の活力が失われるような気がする。厚生労働省の特設サイト「いっしょに検証！公的年金」に掲載されている上のイラストこそ、そのような不安を掻き立て

る典型例ではないだろうか。

「このイラストにある通り、高齢者を支えるためにたくさんお金がかかる。だから消費税増税を我慢しろ」。これが財務省の主張だ。財務省に洗脳されたマスコミや御用学者、最近では経団連の会長までが似たようなことを言っている。本当なのだろうか？

いたずらに不安を掻き立てても問題は解決しない。そもそも、❶と❸と❹の問題点は、それぞれが関連している。❸社会保障制度と財政が持続可能でなくなるのは資金がないからだ。同様に、❹理想の子ども数を持てないのも、子育て資金がないからである。つまり、❸❹は、❶経済成長できないためにお金がない（財政に余裕がなく、人々の給料が安い）ことが問題なのである。あえて言えば、これらはすべて金の問題だ。

これに対して、唯一❷については、金の問題ではどうにもならない。政策では解決不能な老いそのものが問題だという主張だからだ。こんなものを問題として挙げること自体が間違いだが、あえて不老不死の妙薬の開発に期待しておこう。

――人口オーナス期の突破口はデフレ脱却――

では、解決可能かもしれない金の問題について、もう少し深く考えてみよう。この問題は「人口オーナス」に起因する。「人口オーナス」とは、少子化によって人口に占める生産年齢人口の割合が低下することを指す。人口ピラミッドで見ると、逆三角形になる現象のことだ。

人口オーナス期には勤労世代が減少し、高齢世代が相対的に増加する。通常、勤労世代は貯蓄をする世代であり、高齢世代は貯蓄を取り崩す世代だ。相対的に高齢世代が増えれば、当然全体で見た貯蓄率は低下してしまう。かつては、人口オーナス期に入ると国内貯蓄が減少することによって投資が制約されると言われていた（なぜなら、1970年代において貯蓄率と投資率の間には強い正の相関関係があったからだ）。

投資が制約されれば新たなイノベーションは生まれない。日本のような先進国においてはイノベーションが生まれない限り、成長のフロンティアを広げていくことは不可能だ。やはりマスコミが喧伝するように、日本の未来は暗いということになるのか？

いや、必ずしもそうではない。確かに、そのような暗い未来はあり得る。しかし、それはあり得る未来のなかのひとつの姿でしかない。我々にはほかの選択肢もある。今後の政策のかじ取り次第では、もっと明るい未来もあり得る。

その突破口を示そう。少子高齢化によって貯蓄率が低下するとしても、それが必ず投資率の低下を招くかどうかはわからないのだ。内閣府の「年次経済財政報告」には次のような記述がある。

投資率の変動に対する貯蓄率の係数の値は大きく1を下回っており、また、最近時点になるほどその値が低下してきている（中略）。

国際的な資本移動の制約は近年緩和されてきており、自国の貯蓄が不足した場合には国内の投資収益率が高い限り、海外資本が流入しやすい環境が整ってきていることが示唆される。［内閣府「平成15年度　年次経済財政報告」］

同報告書によれば、投資率と貯蓄率の相関係数は1970～1980年で0・776、1981～1990年で0・513、1991～2002年で0・466となっており、年を追うごとに大幅に低下している。また、この傾向は日本だけではなく、世界的な傾向である。1980年以降全世界的に貯蓄率と投資率の相関は弱まっていることが、次ページのグラフからも確認できる。

――投資率が上がらなかった原因はデフレの長期化――

世界の投資と貯蓄の相関

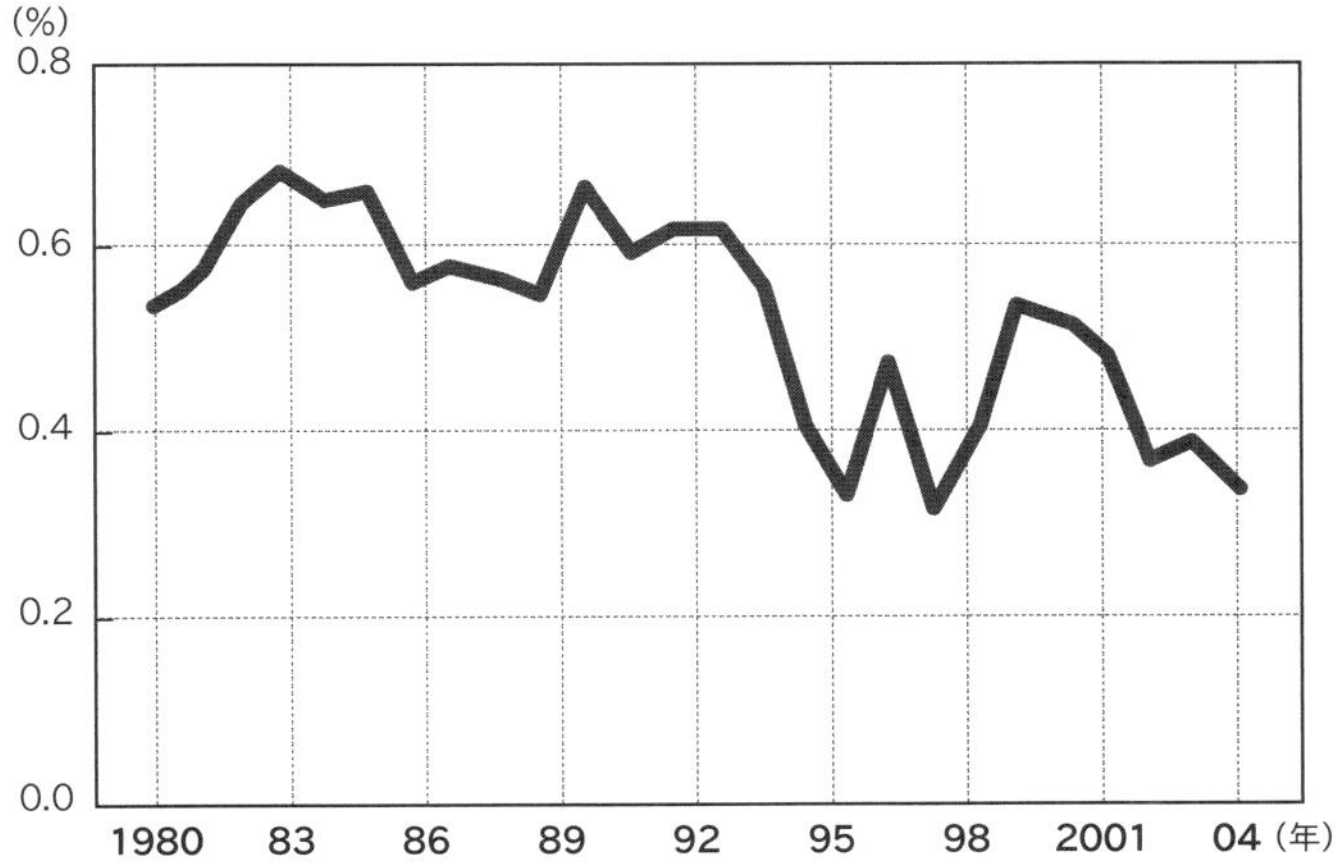

※隔年ごとの世界209カ国・地域の投資率（対GDP比）および
貯蓄率（対GDP比）の相関係数の推移を表した。

出所：世界銀行

　世界的な資本取引の自由化によって、自国の貯蓄が減ってもリターンが見込める案件さえあれば、海外から資金が集まってくるようになったのだ。その結果、人口減少で貯蓄率が低下したとしても、それは以前ほど投資率の低下に波及しなくなった。

　2000年以降、日本の投資率が低かった原因は高齢化の進展よりも、デフレの長期化にある。デフレとは、モノとお金のバランスがお金不足によって崩れる現象だ。お金の不足はお金の価値を上昇させ、人々はお金を貯め込んでモノを買わなくなる。モノが売れなくなれば、ますますモノの値段は下がり企業収益は悪化する。これこそが、

労働力人口の推移

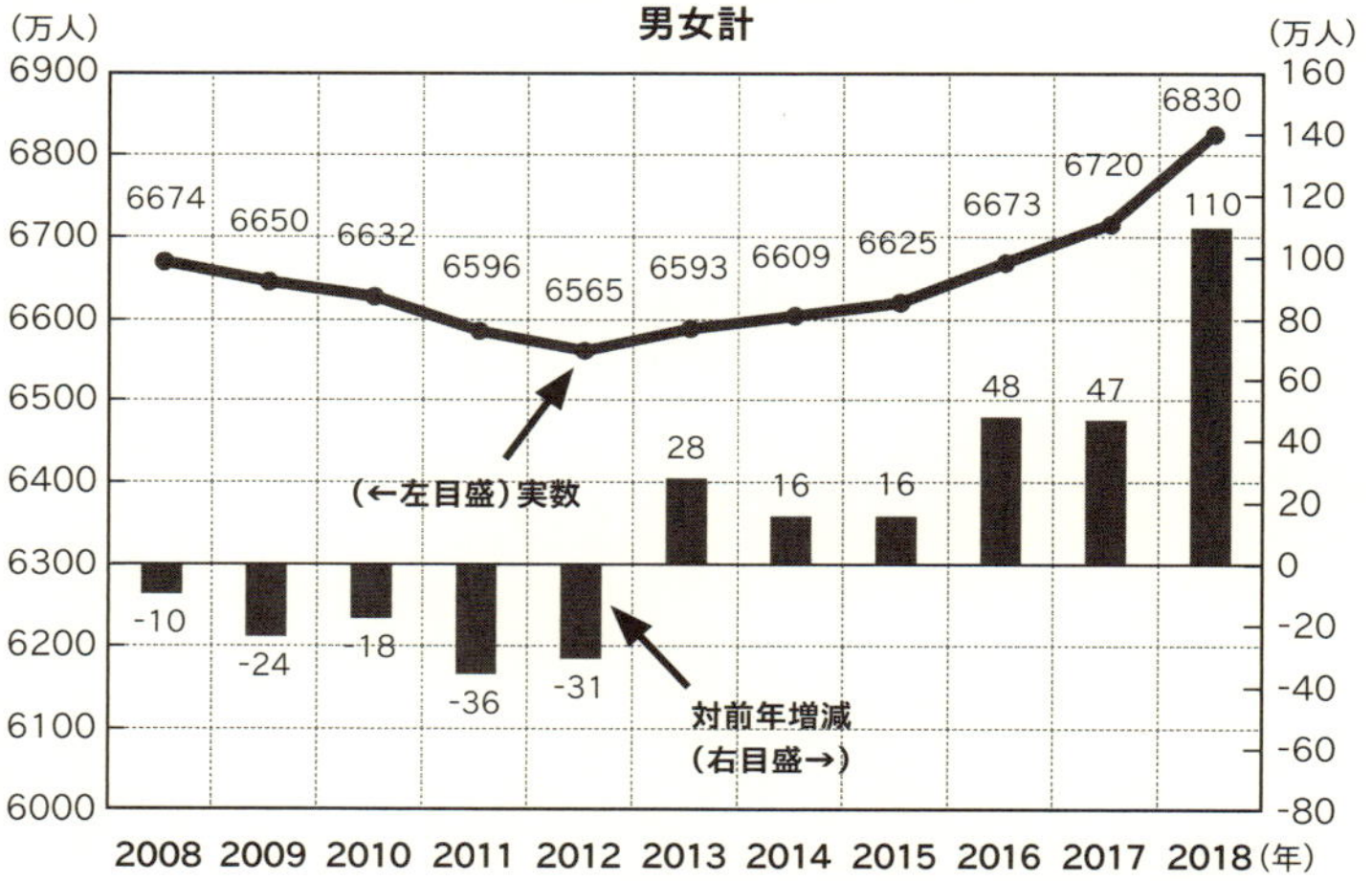

出所：総務省統計局

日本の投資率が上がらなかった真の原因だ。つまり、投資を盛んにしてイノベーションを起こしたいのであれば、少子高齢化対策よりも前に、デフレを完全脱却して二度と戻らないようにすることが先決なのだ。

――元気な高齢者が支える側に回っている――

また、高齢化によって日本が経済成長しないと決めつけるのも早すぎる。

そもそも、GDPは「平均給与×働く人の数」で決定される。もし、平均給与が現状維持のまま、高齢化によって働く人の数が減るのなら、確かにGD

高齢者の就業率の国際比較

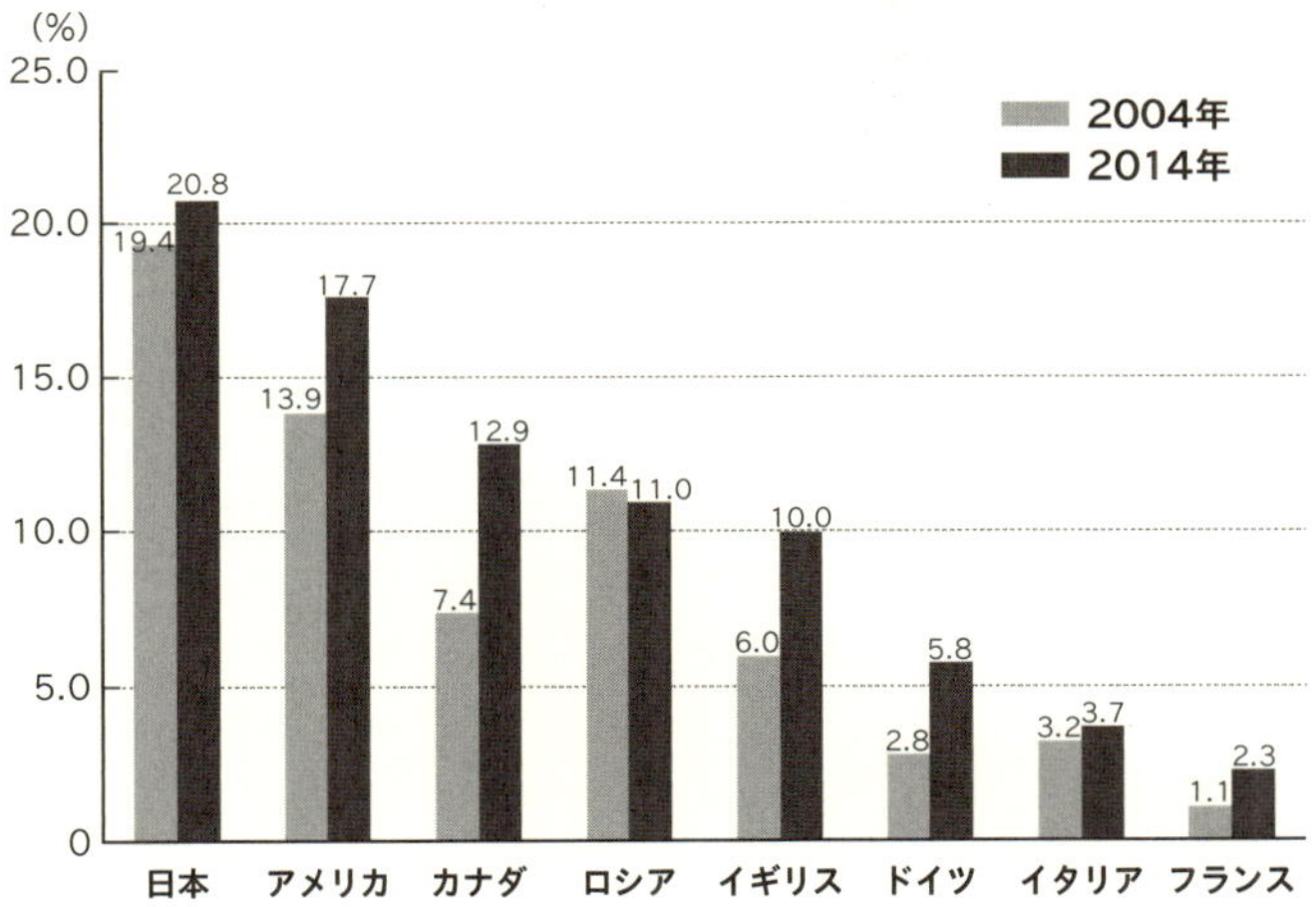

出所：総務省統計局（日本）、ＯＥＣＤ（他国）

Ｐは減るだろう。しかし、働く人の数が減るペースより、給料が増えるペースの方が速ければＧＤＰは減らない。では、日本の労働力人口の推移はどうなっているのか？　右ページのグラフで確認してみよう。

２０１２年以降、アベノミクスのおかげで日本の労働力人口が右肩上がりに増加していることがわかる。しかも、このなかには多くの高齢者も含まれている。総務省統計局によれば、日本の高齢者の就業率は20％を超えており、ほかの先進国よりも高い比率になっている。元気な高齢者が支えてもらう側ではなく、支える側に回っているのだ。

もっと大きな視野で見てみよう。２

017年の人口減少率は0・18％だった。これに対して同年の経済成長率は名目で2・0％（実質で1・9％）だった。単純に比較して経済成長率の方が1ケタ上回っている。このレベルのショボい経済成長であっても、それがあと35年続くと2055年ごろに日本のGDPは今の2倍、約1000兆円になる。つまり、35年後の働く人は今の働く人の2倍稼ぐということだ。

国立社会保障・人口問題研究所によると、老年人口（高齢者数）のピークは2042年だそうだ。つまり、年率2％のショボい経済成長ですら、35年続ければ高齢化の負担はピークを過ぎる。マスコミは高齢化社会がまるでゴールの見えない苦行のように煽っていたが、どうも現実はそれとは異なるようだ。

また、年率2％のショボい経済成長をもっと高める方法もある。ひとつ目は物価目標を達成し、デフレを完全脱却すること。2つ目はイノベーションを誘発する最適なビジネス環境をつくることである。

現在、日銀が掲げる物価目標は年率2％のインフレである。目標達成のためには、より一層の金融緩和が必要だ。日銀が物価目標さえ達成すれば、名目成長率は4％に跳ね上がる。なぜなら、名目成長率は実質成長率に物価上昇率を加えたものだからだ。そして、4％の名目成長率は、日本のGDPを17年程度で2倍増させる力を持っている。34年後には4

倍増だ。

2つ目についてだが、残念ながら政府が有望な産業を育てることはできない。政府にできることは「チャレンジの場」をつくること、そして余計な手出しをしないことだけだ。余計な規制はなるべくない方がよいし、もし商売が大当たりした場合、そのリターンが確実に懐に入る私有財産制も必要だ。

――参考にすべきはイスラエルの国策――

日本が世界で最も魅力的な「チャレンジの場」になれば、優秀な人材も資金も自ずと海外から集まってくるだろう。イスラエルはまさにこれに近い戦略を国策として実施しているので、大いに参考にすべきだろう。立教大学ビジネススクール教授の田中道昭氏は次のように述べている。

イスラエルにはグーグル、アップル、マイクロソフト、インテルなど世界トップレベルのグローバル企業が多数進出して研究開発拠点を設けている。また同国は「第2のシリコンバレー」とも呼ばれ、ハイテク技術やスタートアップのエコシステム（ビジネスの生態系）を構築している。
実際、米スタートアップゲノム社による17年のスタートアップのエコシステム世界ランキングにおいて、イスラエルのテルアビブが世界第6位にランクされている。1位のシリコンバレーのほかニューヨークやロンドン、北京といった大都市に次ぐ評価を得ているのだ。［東洋経済オンライン（2018年4月5日）］

日銀が物価目標を達成し、政府がイノベーションに必要なビジネス環境を整備する。これができれば、少子高齢化問題は解決したも同然だ。例えば、年金はGDPが増えた分だけ年金保険料の納付も増えるため、財源問題は大幅に改善する。これに保険数理に基づいた微調整（支給年齢の繰り上げ、マクロ経済スライドの実施など）を行えば、それこそ100年安泰である。数量政策学者で嘉悦大学教授の髙橋洋一氏は次のように述べている。

まず、制度設計の基礎となるデータは、少し先の人口の増減を予測しながら計算していく。保険料を支払う人が減れば、その分だけ給付額も減るように自動調整されるんです。だから、人口減少は社会保障制度の崩壊にはならない。これは、多くの人が勘違いしている点。［日刊SPA！（2018年11月6日）］

――今こそ高齢化を乗り切る最後のチャンス――

しかし、ここで気を付けなければならないことがある。日本には「悲観的な意見を言い続けている人」を「現実的だ」ともてはやす傾向がある。私が高齢化問題の解決策として述べたことに対しても、「それは楽観的だ！」と根拠なくレッテルを貼り「現実主義者プレイ」をする人がきっと出てくるだろう。だが、そういう彼らのロジックこそ中身をよく確認してほしい。彼らは「貯蓄率が低下すると投資率も低下する」という暗黙の前提を置いてないだろうか？　デフレによって投資が低迷した過去を書き換えていないだろうか？単に消費税を増税する口実として社会保障の充実をお題目のように唱えているだけなのではないだろうか？

団塊ジュニア世代が40代半ばに差し掛かった今、日本は高齢化を乗り切る最後のチャンスを迎えている。ところが、政府、マスコミ、そして一般大衆までもが、悲観的な見方に染まってリスクを取ろうとしない。そのリスクを取らねばリターンもないのに。

私は悲観派こそ現実をよく見るべきだと思う。消費税の税率を上げれば将来の不安がなくなる、などという単純な問題ではないのだから。

LOSS 20

消費税増税

2019年10月の消費税増税によって発生した損失は……

4兆円損失

朝日新聞にこんな白々しい記事が出ていた。私からすれば、こんなことは増税前から明らかだったことだ。何を今さら……。

政府は、今年度（２０１９年度）の国の税収見込みを引き下げる方針を固めた。企業の業績悪化で法人税収が落ちこんでいるためで、策定中の2019年度補正予算で下方修正する。修正額は1兆～2兆円ほどになりそうだ。見込みに届かない分を穴埋めするため、特例公債（赤字国債）の増発も検討する。税収減を借金で補って経済対策などの追加歳出に対応することになれば、安易な歳出拡大につながりかねない。

年度途中での税収見込みの下方修正と赤字国債の増発は、実行すればいずれも3年ぶりとなる。［朝日新聞オンライン（2019年11月19日）］

経済理論を知らない記者が、財務省から説明された通りのことを記事にすると、こういうことになる。まるで消費税増税の影響とは関係なく企業の業績が悪化したような書きぶりだが、これは明らかなウソだ。吉田調書、慰安婦問題で大々的な誤報をやらかした朝日新聞だが、まったく反省が足りていないようだ。

税収と税率の関係は以下のような簡単な掛け算で表すことができる。

税収＝名目GDP×税率

逆に言うと、こんな基本的なことも知らずに新聞記者は記事を書いている。まったく恐ろしい話だ。

税率を上げることで消費が低迷し名目ＧＤＰが減少すれば、税収は減ることもある。特に、今のように物価の上昇圧力が弱い時はなおさらだ。２０１９年10月の消費者物価指数（コアコアＣＰＩ）は０・７％しか上がらなかった。ちょうどこの月に消費税が増税され、その分物価には下駄が履かされているにもかかわらず、物価上昇率は目標の２％にはまったく届かなかった。

ちなみに、増税の嵩上げ分を除外すると、コアコアＣＰＩは０・４％である。物価は２％に向けて順調に上昇しているといった状況にはなく、むしろゼロ近傍で横ばいだ。このままでは、ちょっとした経済的ショックでデフレに再び戻りかねない。

――消費税増税最大のリスクは再デフレ――

もし日本が再びデフレに陥ったら、その損失は計り知れない。１９９７年まで２万人だった自殺者数は、１９９８年以降14年間にわたって３万人台を記録した。この状況を終わらせたのは、２０１２年末から始まった第二次安倍政権のアベノミクスだ。しかし、時すでに遅し。この間、約14万人もの尊い命が失われた。これはまさに経済政策による大量虐殺である。金額で表すことすら、はばかられる。

デフレによって失うものはあまりに大きすぎる。だからこそ、消費税を増税するなら、少なくとも日銀が物価目標を達成した後にすべきだった。ところが、財務省には経済センスがない。焦って増税した結果、見込んでいた税収が最大2兆円も下回る可能性が出てきた。

日本政府の損失はほぼほぼイコール国民の損失である。よって、2019年10月の消費税増税による直接的な損失として、税収減2兆円をまず計上しておこう。

次に、ポイント還元など消費税増税対策の費用約2兆円も計上しなければなるまい。なぜなら、消費税を増税しなければ、こんな対策は本来不要だったからだ。しかも、このポイント還元は来年6月までの一時的な措置であり、本格的な景気下支えにはならない。期間中多少のリターンはあるかもしれないが、長期的に見ると、その効果は極めてショボい。これと先ほどの税収減と合計すると、現時点で4兆円の損と言えなくもない。

消費税増税のマイナス面はこれだけでおさまらない。最大のリスクは再デフレだ。それを回避するために、緊急経済対策として13兆2000億円の財政支出をするそうだ。

ところが、この件についての新聞報道は底が浅い。例えば、日経新聞は次のように報じている。

自民、公明両党の幹部は20日、２０１９年度補正予算案の規模について、国による直接の財政支出である「真水」で10兆円を求めると一致した。災害復旧や日米貿易協定の発効をにらんだ国内の農業対策などが軸になる。10月の消費税増税を受け、景気減速への懸念に対応する。大型補正論には、衆院解散時期の観測も絡む来年の政治日程をにらんだ思惑がある。［日本経済新聞（２０１９年11月21日）］

日経新聞は財務省のポチなので、同記事中で「そこまでの危機を指摘する声が乏しい現状で、なぜこの時期に大型補正予算の声が上がるのか」などと主張している。そして、真の理由は共産党が焚きつけた「桜を見る会」の問題を隠蔽するためだと近視眼的な政局与太話で話をまとめているのだ。

百歩譲って表面的に見ればそういう解釈も可能だとしても、プロの新聞記者ならもう少しちゃんと調べて記事を書くべきだ。

そもそも、政権与党が特定の政策を実施するのは、当然ながら政権を維持するためである。その政策によって国民から人気を集め、選挙で勝利する。議会制民主主義における政党の行動としては極めて合理的かつ合法的であり、逆にそれをやらないとしたら仕事をサボっているとしか言いようがない。

――国債を発行すればデフレは解消できる――

安倍総理は日経の記者と違って経済理論に精通している。消費税増税がどれだけ日本経済に大きなマイナスかも理解しているはずだ。そうでなければ、わざわざ増税を2度も延期するはずがない。

しかし、2度も財務省に借りをつくってしまうと、なかなか3度目というわけにはいかない。この辺りは永田町と霞が関のわかりにくい論理だ。そして、そのわかりにくい論理で8％から10％への消費増税は実行されてしまった。

だが、これで景気が悪くなったら政権基盤が揺らぎかねない。本来なら消費税を8％に戻したいところだが、それは政治的には難しい。そうなると、増税する以上に財政支出をするしかマイナスの影響をキャンセルアウトする方法はないことになる。

タイミングのよいことに、民主党政権以降「コンクリートから人へ」の誤ったスローガンが浸透し、公共事業が干上がっていた。自民党の土建系議員のフラストレーションも溜まっているこのタイミングなら、大々的な補正予算も通りやすい。実際に土建派のドンである二階俊博幹事長も、突如として財務省を批判し始めた。

しかも、13兆2000億円という予算規模は、増税対策のポイント還元等の政策で費やした2兆円の6・6倍にあたる数字だ。この予算を無理やり1年で消化せず、3年程度でゆっくり消化していけば、それだけ長期間にわたって増税のマイナスは防げるだろう。アメリカの景気次第では、アベノミクスの「リブート」となるかもしれない。

そして、それにも増して大事なのは、日銀の金融政策だ。イールドカーブコントロールという政策によって、日銀は10年物国債の金利を0％に張りつけている。もし、景気対策の財源として国債が増発されるとその分だけ、国債価格が下がる（金利は上がる）。日銀がイールドカーブコントロールを続ける限り、金利が上がった分だけ、より多くの国債が日銀に買い入れられる。そして、これは同時に購入資金が貨幣量の増加によって調達されることを意味する。

つまり、政府が国債を発行すると、そのうち日銀が引き受けた分だけ貨幣量が増加することになるのだ。財政政策を緩めれば、金融も緩和も進む。デフレは貨幣現象であり、お金不足によって発生しているから、この方向で進めていけば、いずれそれは解消できるのだ。

少なくとも、私が安倍総理と何度か会って経済政策について話をした時、ご本人が相当なレベルまで経済学の理論を理解していることはよくわかった。おそらくこれぐらいのことは考えているのではないだろうか。日経新聞の政治部目線の駄文は、目先の話題に固執して長期的な視点でモノが見られていないようだ。

――増税好きな人を政治家に選んではいけない――

とはいえ、この13兆2000億円は本当なら支出する必要のなかった予算かもしれない。なぜなら、消費税増税さえしなければ日本経済はとっくの昔にデフレから完全脱却して、二度とデフレに戻らないレベルまで回復していた可能性があるからだ。私が問題にしているのは、今回の増税ではない。安倍政権発足（実質）2年目に実施した2014年4月の増税である。

2013年の日本経済は消費も投資も絶好調であり、チャイナ経済も2015年の株価大暴落前の水準にあった。そして、アメリカ経済も悪くなかった。内需と外需に支えられ、日本経済は順調な回復軌道に乗っていたのだ。それを証拠に、物価連動債と長期国債の金利差から求められるブレーク・イーブン・インフレ率は1・5%程度まで改善していた。これはある種の予想インフレ率であり、市場も日銀の物価目標達成まであと少しと判断していた証拠だ。

ところが、政府は早すぎる増税に手をつけてしまった。2014年4月以降、これで内需には大きなブレーキがかかってしまった。そんな日本を支えたのがアメリカとチャイナである。チャイナ経済は、翌2015年春に始まる上海市場の大暴落で大混乱に陥るが、2014年はまだ大丈夫だった。そして、アメリカ経済も悪くなかった。日本の再デフレは外需によってギリギリ防がれたのである。

しかし、今回は前回とは違う。2015年以降、チャイナ経済はさまざまな理由で大停滞に陥っている。仮にアメリカ経済が絶好調でも、チャイナの欠損分は埋められない。補正予算13兆2000億円だけで、これに立ち向かうことができるだろうか？　もしこの金額で足りてなければ、20兆円にすればよいだけの話だ。

しかし、マスコミは「景気対策には効果がない」「モノよりも心の時代だ」といったミスリードをするだろう。

1998年以降、あれだけ犠牲者を出したにもかかわらず、政策当局者もマスコミも何も学んでいない。しかし、これだけは言っておく。消費税増税によって再デフレが引き起こされれば、日本には計測不能の大損失がもたらされるかもしれない。

だから、景気を悪くする人（増税が大好きな人）を政治家に選んではいけない。ゼッタイ！

LOSS 21

韓国の不買運動

韓国の日本製品の不買による
日本の損失は……

ほぼなし

韓国が損している

「よし、今日はこれぐらいにしておいてやるか」

池乃めだか師匠の鉄板ネタを見ているかのような出来事だった。日本のホワイト国外しに怒った韓国政府は突如「軍事情報に関する包括的保全協定（ＧＳＯＭＩＡ）」を破棄すると発表した。ところが、破棄期限の２０１９年11月23日、直前になって破棄の方針を撤回。大山鳴動して鼠一匹とは、このことだった。多くの日本人はズッコケた。しかし、韓国政府に言わせると、これは韓国の外交的勝利だったらしい。

韓国の文在寅大統領は、いわずと知れたチュチェ思想派であり、北朝鮮の独裁政党である朝鮮労働党の秘密党員である。このことを告発したのは、元日本共産党の職員でジャーナリストの篠原常一郎氏だ。「月刊Hanada」10月号掲載の「文在寅に朝鮮労働党秘密党員疑惑」は日本国内でも大きな反響があったが、韓国語にもこの記事は翻訳され、多くの韓国人がこれを読んだそうだ。

――暴挙に見えても文在寅政権から見ると妥当な行動――

北朝鮮が人権など無視する冷酷な独裁国家であることは誰もが知っている。朝鮮戦争の時にも、多くの仏教徒、キリスト教徒が「宗教は麻薬だ」とばかりに北朝鮮軍に虐殺されている。篠原氏のスクープは北朝鮮軍の虐殺の恐ろしさをまだ知っている世代、そして在郷軍人会に大きな危機感を与えた。そして、彼らは行動を起こした。２０１９年10月以降、反文在寅デモが１００万人を超える規模で何度も起こっている理由は、まさにこれだ。

慰安婦財団の解散、応募工（自称徴用工）を巡る国際条約を無視した大法院判決、朝日新聞がすでに謝罪、訂正に至った慰安婦強制連行20万人というデマを未だに拡散する国際的な反日キャンペーン、レーダー照射問題など、文在寅政権が日韓関係を壊すために行った暴挙は枚挙に暇がない。

とはいえ、文在寅は元々日米韓の同盟関係を離脱して北朝鮮やチャイナの側に付こうとしていた人間だ。日本人から見ればこれらは暴挙だが、彼にしてみれば極めて合目的かつ一貫した行動であったと言えよう。

――訪日韓国人が半減するも中国人が25%増――

では、これら一連の反日キャンペーンによって日本に経済的なダメージはあっただろうか？　特に、日本のマスコミが過剰に不安を掻き立てたのは、日本製品不買運動（日本への旅行キャンセルも含む）である。日経新聞にはこんな記事があった。

内閣府が（11月）14日発表した2019年7～9月期の国内総生産（GDP）速報値は物価変動の影響を除いた実質の季節調整値で前期比0・1％増、年率換算で0・2％増だった（中略）。

輸出は0・7％減で、2四半期ぶりに減った。内訳をみるとサービスの輸出が4・4％減に沈み、全体を下押しした。GDPの計算でサービスの輸出に算入される訪日外国人の国内消費が日韓関係の悪化などで減ったのが主因。財貨の輸出は0・3％増えたが、資本財や工作機械の輸出はふるわず、年前半の落ち込みからの回復は鈍かった。［日本経済新聞（2019年11月14日）］

まるで韓国からの訪日客が減って、そのせいで輸出全体が4・4％も減ったかのような書きぶりだ。

しかし、それは事実ではない。JTB総合研究所の調べによれば、2019年1～9月の訪日外国人は2441万7837人で、2018年同期比プラス4・0％だ。日経新聞の記事が指摘する2019年7、8、9月の訪日客も次ページの表のようになっている。

確かに8月は減ったが、7月と9月はそれを埋めて余りあるほど増えている。2019年に入って確かに韓国からの訪日客は半減した。しかし、元々韓国の2倍いたチャイナからの訪日客は25％も増えていたのだ。単純に人数だけ比べれば、韓国人が減ったのと同じ数だけ中国人が増えた。しかも、訪日客1人当たりの消費額は韓国人より中国人の方が多い。消費額が落ち込むというのも考えにくい。

輸出減少の原因

訪日外国人の増減

月	人数(人)	前年比(%)
7月	2,991,189	+5.6
8月	2,520,134	-2.2
9月	2,272,900	+5.2

出所：ＪＴＢ総合研究所

輸出の伸び率

(単位：%)

	アメリカ	EU	中国	アジア(中国を除く)
7月	8.4	2.2	-9.3	-8.3
8月	-4.4	-1.3	-12.1	-10.9
9月	-7.9	-0.5	-6.7	-7.8

出所：財務省

では、本当の理由は何なのか？　貿易統計を見てみよう。２０１９年７〜９月の主要国向け輸出の伸び率（前年同月比）は上の表のような結果であった。

この時期のチャイナおよびアジア地域への輸出の低迷が著しい。チャイナの景気減速に伴い、チャイナと経済的結びつきの強いアジア諸国にも需要低迷の波が押し寄せているのだ。日本の７〜９月期の輸出激減の原因はおそらくこれだろう。日経新聞はなんとデタラメなことか！

明治大学の飯田泰之准教授によれば、訪日客の統計においては、ビジネス客も観光客も区別されていない。そして、韓国からの訪日客の大半はビジネス客なのだそうだ。そう考えると、韓国からの訪日客が減った理由は不買運動というよりも、韓国自体の景気低迷のせいではないだろうか。これは、朴槿恵政権以降、チャイナにすり寄る政策が経済面で破綻した証左かもしれない。韓国はチャイナの景気低迷に巻き込まれたのだ。しかも、そこに国際的な半導体不況も追い討ちをかけた。

つまり、不買運動のあるなしにかかわらず、韓国からの訪日客は減る運命にあったのだ。私のこの見立ては、なんと韓国当局の見解と大差はない。「JETROビジネス短信」には次のような記事があった。

韓国貿易協会は（2019年）10月17日、2019年1～9月の輸出入統計を発表した。それによると、輸出は前年同期比9・8％減の4061億4400万ドル、輸入は4・7％減の3774億2300万ドルとなった（中略）。

（輸入は）地域別に見ると、北米、大洋州、中南米を除く地域が減少した。国別では、米国は原油、液化石油ガスなどが増加し、前年同期比6・1％増となり、中国は半導体、無線通信機器などを中心に3・7％増だった。日本は半導体、半導体製造装置などが減少し、11・5％減となった。

なお、日本の経済産業省が7月1日に発表した「大韓民国向け輸出管理の運用の見直しについて」を受け、7月4日から韓国が包括輸出許可制度の対象国から外され、個別許可が必要となった半導体材料3品目（レジスト、フッ化水素、フッ化ポリイミド）の輸入は、フッ化水素のみが30・3％減となり、レジスト、フッ化ポリイミドはそれぞれ3・3％増、54・7％増となった。［日本貿易振興機構ＪＥＴＲＯ（２０１９年10月30日）］

半導体不況の影響で、韓国の日本からの輸入が激減していると明確に書いてある。さらに、ホワイト国認定解除で日本からの輸出手続きが厳格化した半導体材料3品目（レジスト、フッ化水素、フッ化ポリイミド）については、増えたものと減ったものがあり、輸入が途絶えたわけではない。日本企業がホワイト国認定解除で韓国の顧客を失ったというのはデマである。

だいたい、台湾やタイなど韓国以外のアジア諸国は元々ホワイト国リストには入っておらず、最初から厳格な輸出手続きを踏んでこれらの品目を買っていた。韓国は台湾などと同等の扱いを受けるようになっただけで、ことさら不利になったわけではない。韓国の在庫管理があまりにもいい加減で、これらの物資がテロ国家に横流しされた可能性があるため、優遇措置を取り消されたに過ぎないのだ。

――韓国経済はアジア通貨危機の二の舞になる可能性――

このように見てくると、韓国への輸出低迷や訪日客減少などによる日本のダメージは、統計上ほとんど確認することができない。九州地方の一部の観光地などを除けば、少なくとも貿易統計上は、損失はほぼなしと言ってよいだろう。

それどころか、私はむしろ韓国側のダメージの方を心配している。韓国経済はリーマンショック以降、3回ほど死の淵に立ったことがある。具体的に言えば、それは急激な資本逃避による為替の暴落だ。しかし、これまでは何とか踏みとどまれた。なぜなら危機が起こるたびに日本とアメリカが助けたからだ。

ざっくり言うと、韓国経済は日米が助けない限り不安定化し、状況が悪ければアジア通貨危機の二の舞になる。文在寅がいくら吠えようとも、これが現実なのだ。そして、日米は今後、何が起きても韓国を助けない。先ほど述べた通り、文在寅政権は日米韓の同盟を破棄して、中朝に走ろうとしている。そんな奴を助ける義理はない。韓国はチャイナに泣きついて助けを求めるだろうが、当のチャイナも経済停滞に苦しんでいる。韓国を助ける余裕はないだろう。文在寅は完全に自らを経済的な袋小路に追い込んでしまった。

LOSS 22

米中貿易戦争

米中貿易戦争が日本に与える影響は……

ほぼなし

中国が損している

日経新聞が言うには、米中貿易戦争のせいで株価が上がったり、下がったりしているそうだ。

例えば、2019年11月25日の東京株式市場前場の状況について解説した次の記事などは、その典型である。

（11月）25日午前の東京株式市場で日経平均株価は続伸した。前週末比213円73銭（0・92％）高の2万3326円61銭で前場を終えた。米中貿易協議の進展期待を背景に前週末の米ダウ工業株30種平均が上昇し、東京市場でも好感する買いが集まった。日韓軍事情報包括保護協定（GSOMIA）の失効が回避され、日韓両政府が12月の首脳会談に向けた調整に入ったと伝わったことも投資家心理を支えた。香港をはじめアジア各国・地域の株式相場が堅調に推移すると、日経平均は一時234円高まで上昇した。JPX日経インデックス400と東証株価指数（TOPIX）も続伸した。［日本経済新聞（2019年11月25日）］

日付をよく見てほしい。2019年の11月25日は月曜日であり、前日の24日は香港の区議会議員選挙の投票日だった。この選挙で親中派が惨敗し、民主派の議員が全議席の8割以上を独占する地滑り的な勝利を収めたのは記憶に新しい。投票率は70％を超え、こちらも過去最高だった。香港市民が習近平による一国二制度無視の暴挙に、NOを突きつける民意を明確に示した歴史的な出来事だった。

その香港市民を陰ながら応援していたのがアメリカである。この記事に先立つこと1週間前、アメリカ上院は香港人権・民主主義法案を全会一致で可決した。この法律が成立したことにより、アメリカ政府は香港の高度の自治を保障する「一国二制度」が守られているかどうか毎年検証し、もし守られていない場合は香港に対するさまざまな優遇措置を打ち切ることができるようになった。ポイントはこの法律はほぼ全会一致で可決されたという点だ。議会が全員束になってかかれば、仮に大統領が署名を拒否しても、それをひっくり返すことができる。もちろん、トランプ大統領は迷わず署名した。人権問題と経済交渉は別という立場をチャイナに突きつけた形だ。

さらに、軍事面においてもアメリカはチャイナにプレッシャーをかけ続けていた。投票前日の11月23日、死の翼の異名を持つアメリカの爆撃機B-52が自衛隊のF-15のエスコートで日本を一周している。

さらに時を同じくして、アメリカ海軍の強襲揚陸艦がハワイを出航し日本に向かった。また、これに先立つ11月20日と21日に、アメリカ海軍は南シナ海のチャイナが領海だと自称する海域で「航行の自由作戦」を実施している。20日はスプラトリー諸島のミスチーフ礁の周辺でアメリカ海軍の沿海域戦闘艦「ガブリエル・ギフォーズ」が、21日はパラセル諸島の周辺で駆逐艦「ウェイン・E・マイヤー」がそれぞれ作戦を実施したそうだ。

誰がどう見てもこの時期、アメリカはチャイナ包囲網を狭めていたように見える。この状況下において米中貿易交渉が進展するとしたら、それはチャイナがアメリカの圧力に屈したということだ。

――チャイナの景気低迷は共産党の政策のせい――

ところが、冒頭引用した日経新聞の記事では、極めてトンチンカンな事実が米中雪解けの証拠として挙げられていた。それは、❶11月22日に習近平が「貿易戦争の回避に積極的に取り組んでいると述べた」と発言したこと、および、❷トランプ米大統領が香港人権・民主主義法案に署名すべきか迷っているという噂である。

申し訳ないが、❶については香港の区議会議員選挙前の発言であり、❷はブルームバーグがこの時点で報じていた、出所不明の情報だ。

株が上がっても下がっても、景気がよくても悪くても、全部米中貿易戦争のせい。これは単なるこじつけである。なぜなら、米中貿易戦争の影響は巷で言われているほど各国の経済には影響を与えていないからだ。結論的に言えば、チャイナの景気が低迷しているのはアメリカの制裁のせいではなく、共産党の政策が間違っていたせいなのである。

具体的な証拠を示そう。アメリカの保護主義的な制裁によって世界の貿易取引は縮小しているのだろうか？　次ページのグラフはチャイナと北米を結ぶコンテナ運賃の推移であ

北米往航（中国国際海運網）の月別運賃の推移

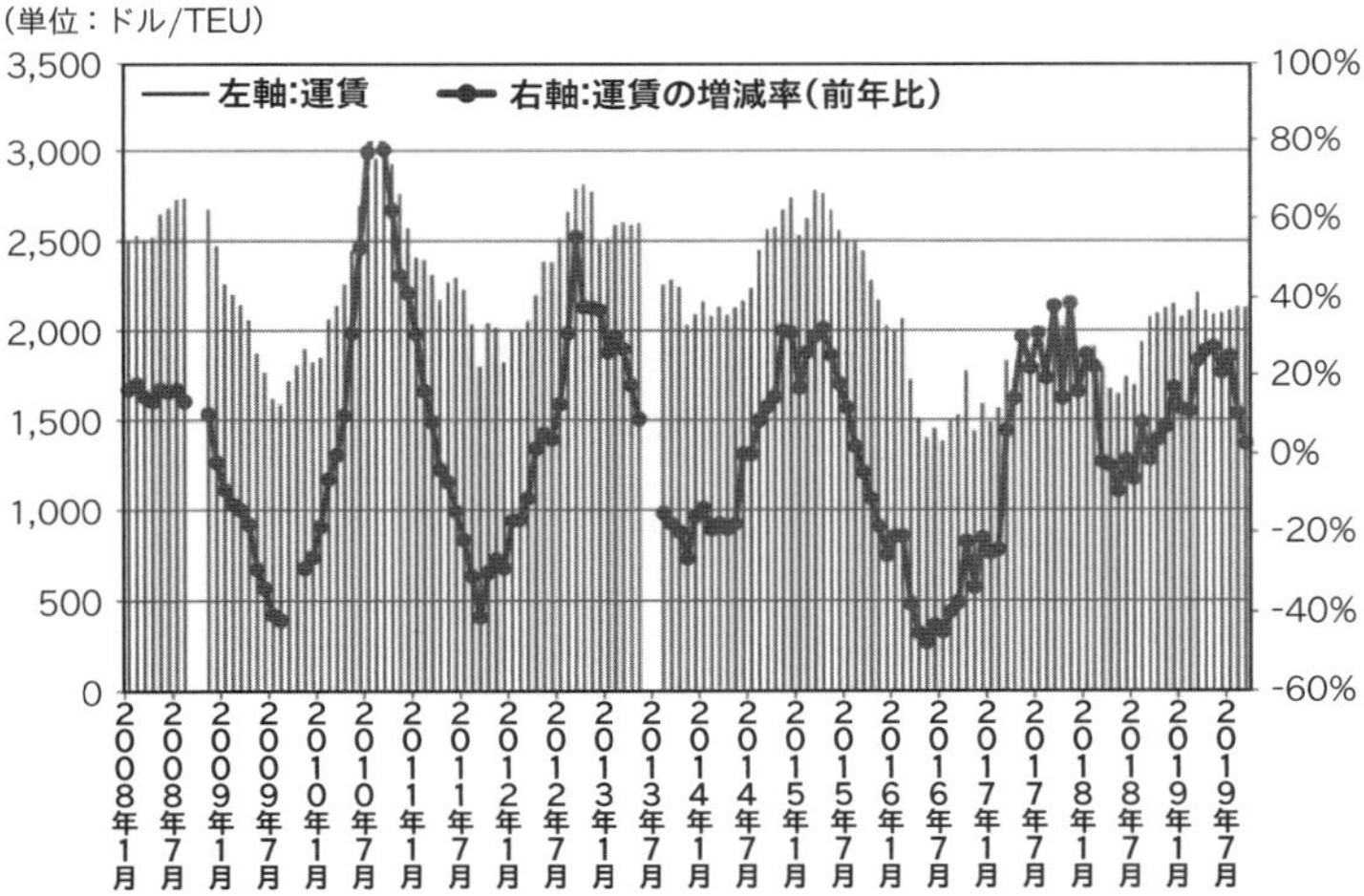

出所：公財日本海事センター企画研究部作成

る。グラフの通り、運賃は約１年上昇して、次の１年下降するというサイクルを繰り返している。

　そして、米中貿易戦争が本格化した２０１８年以降は運賃の下降局面だったが、落ち込みの幅は通常のサイクルの半分程度しかなかった。むしろ、その後はすぐに反転している。もちろん、長期的な価格サイクルの範囲内である。少なくとも、米中貿易戦争でコンテナ需要が減って運賃が暴落するようなことに至っていないのだ。

　そして次ページのグラフは世界全体のコンテナ荷動き量の推移を表している。グラフからわかる通り、リーマンショックの前後で明らかに落ち込んで

世界のコンテナ荷動き量の推移

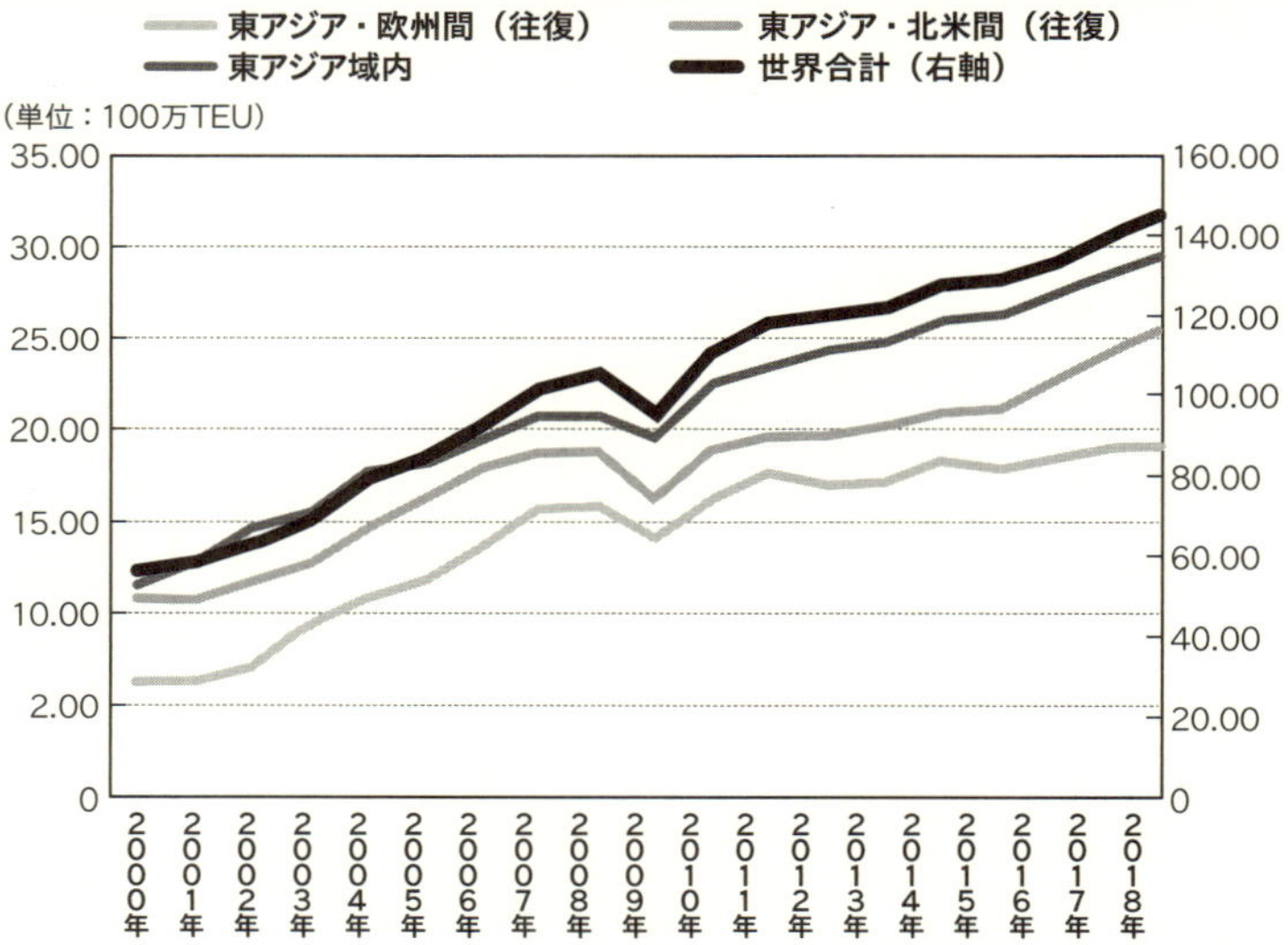

出所：公財日本海事センター企画研究部作成

いることを除けば、基本的に世界の貿易量は右肩上がりとなっている。特に、北米と東アジアの航路の荷動き量は２０１４年ごろから急速に拡大していて、米中貿易戦争の悪影響はグラフからは観察できない。

　では、アメリカによる制裁関税の影響はまったくなかったのか？　もちろんあった。結論を言えば、チャイナの１人負けだ。この点については現代ビジネスに掲載された、嘉悦大学教授の髙橋洋一氏の論説が非常にうまい説明をしているので、少し長くなるが該当部分をすべて引用しておこう。

米国消費者物価指数（前年比）の推移

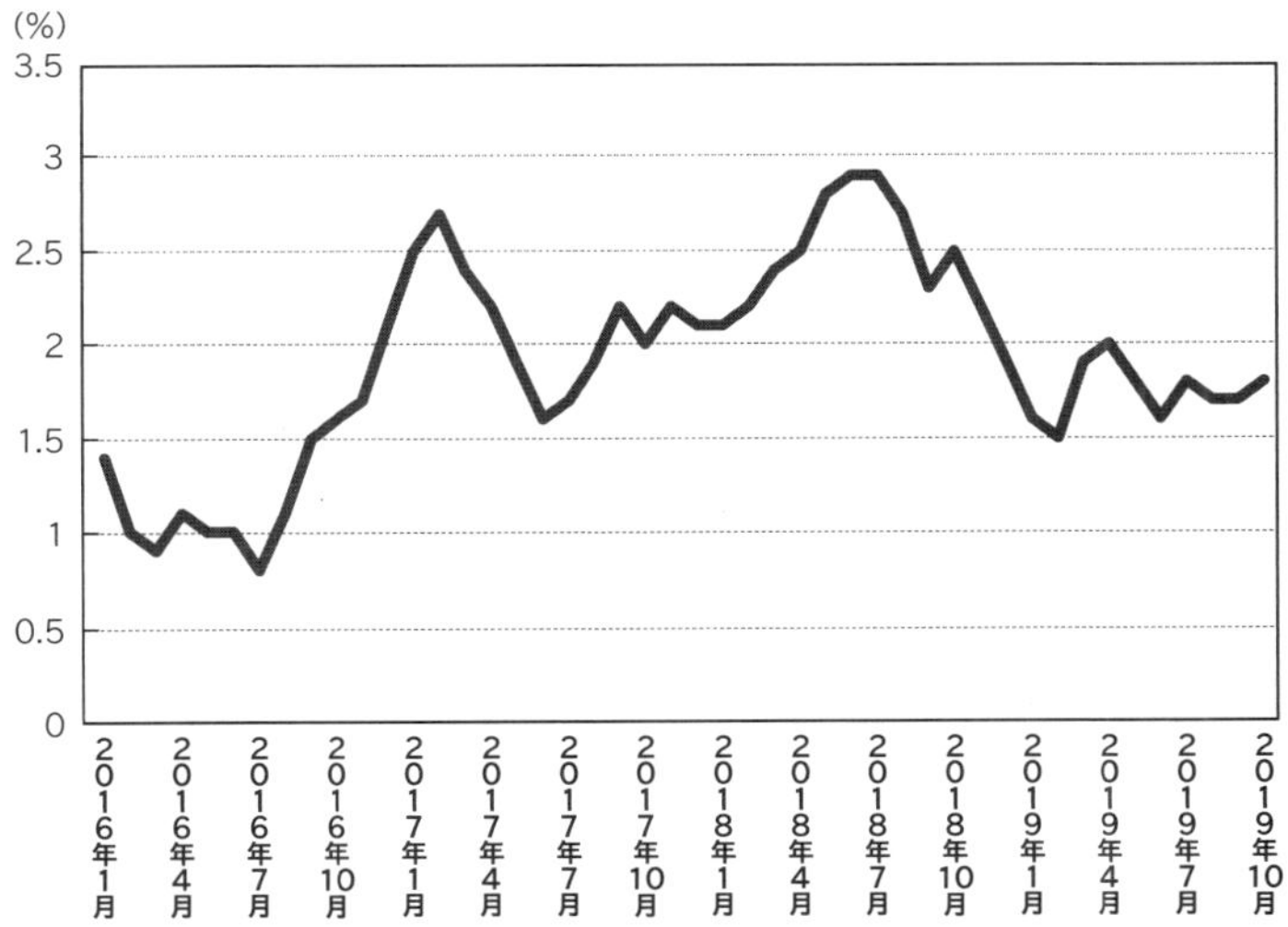

出所：米労働省

報復関税に関して本当に勝敗がつくのは、関税によって自国の輸入製品の価格が上昇するときだ。実は、どのくらい関税をかけられるかではなく、関税の結果、価格が上昇するかしないか、が勝負の本質なのである。

この観点からいえば、アメリカの勝ちは明白だ。というのも、米中貿易戦争以降も、アメリカの物価はまったく上がっていないからだ。インフレ目標２％の範囲内に見事におさまっている。

これは何を意味するのか。アメリカが中国からの輸入品に関税を課したら、関税分の10～25％程度は価格に転嫁されて、結果、価格上昇があっても不思議ではない。しかし、それでも物価が上がっていないということは、関税分の価格転嫁ができていないのだ。それは、中国からの輸入品が、他国製品によって代替できているということだ。価格転嫁ができなければ、輸出側の中国企業が関税上乗せ分の損をまるまる被ることになる（一方アメリカ政府は、まるまる関税分が政府収入増になる）。

中国の物価はどうか。中国では、食品を中心として物価が上がっている。つまり、価格転嫁が進んでいるのだ。これで、（現時点では）貿易戦争はアメリカの勝ち、中国の負けということになる。［髙橋洋一「現代ビジネス」（２０１９年5月20日）］

チャイナが苦境に陥っている本当の理由は、アメリカの制裁関税に対して直ちに報復関税を実施したことにある。特に豚肉や大豆、トウモロコシなどにかけた関税や禁輸措置は大失敗だった。折からのアフリカ豚コレラのパンデミックで国内の養豚業者が壊滅的な打撃を受けるなか、海外からの豚肉輸入を自ら止めれば豚肉そのものが市場から消えてしまう。素人目に見てもこれは自殺行為だ。

チャイナはアメリカとの交渉に早々に応じて、安易な報復に走るべきではなかった。報復さえしなければ、「自由貿易を大事にするチャイナ」と「保護主義に走るアメリカ」と

中国消費者物価指数(前年比)の推移

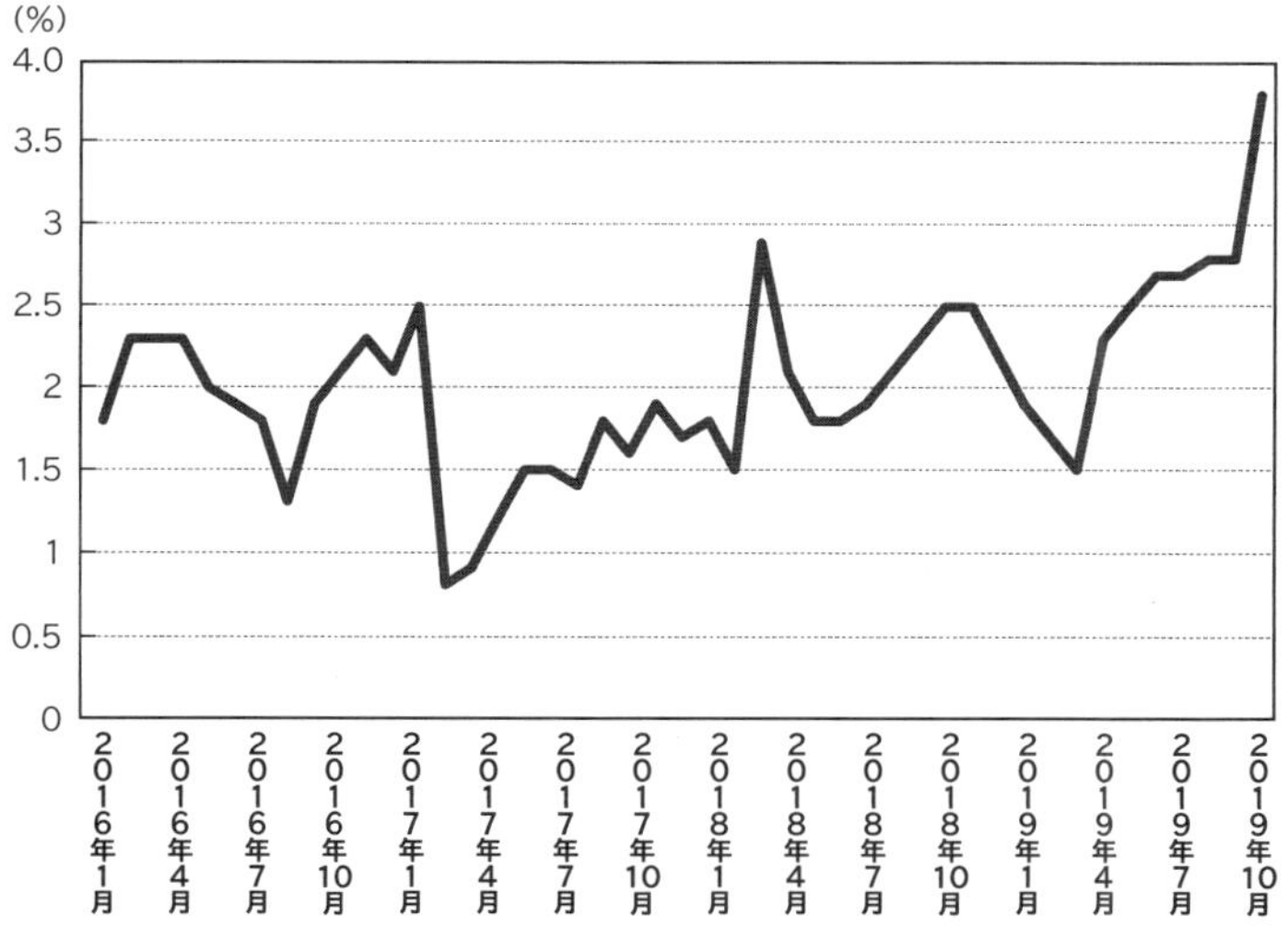

出所：中国国家統計局

いう対立構図に持ち込み、得意の国際プロパガンダでトランプ政権を窮地に追い込むことができたかもしれない。

ところが、中華皇帝のメンツが習近平にそれを許さなかった。習近平は、まんまとアメリカの術中にはまり、即断即決で報復措置を実施してしまったのだ。自分で自分の首を絞める行為だとは気づかなかったのだろう。側近が皇帝にとって耳の痛い事実を教えない。中華帝国の歴史にはよくある話だ。

そもそも、チャイナは米中貿易戦争がなくても、少子高齢化や不良債権問題などによって経済危機に陥るリスクが、ずいぶん前から指摘されていた。米中貿易戦争は坂道を転げ落ちるチャイナの背中を押して加速をつけたかもしれないが、仮にそれがなくてもチャイナはすでに坂道からは転がり落ち始めていたのだ。

それが顕著に表れたのが2015年である。この年、上海の株価は5000ポイントから半年で一気に半値に暴落した。公式統計の実質経済成長率は6・9%だったが、本当はマイナスだった可能性が高い。なぜなら、この年の輸入の伸び率がマイナス17%だったからだ。

――日本は米中貿易戦争の影響を受けていない――

実は、経済成長率と輸入の伸び率の間には正の相関関係がある。OECD加盟30カ国の2000年以降のデータを使って、その関係をグラフ化してみた（縦軸が実質経済成長率、横軸が輸入の前年同月比伸び率）。

輸入の伸び率がマイナス17%の国は経済成長率もマイナスだ。チャイナはこの年発生した不良債権の山に苦しめられているのだ。そして、未だにこれを処理するめどは立っていない。そんななか、少子高齢化は日本よりも数倍速く、しかも数倍大きな規模で進行して

実質経済成長率と輸入の伸び率の相関

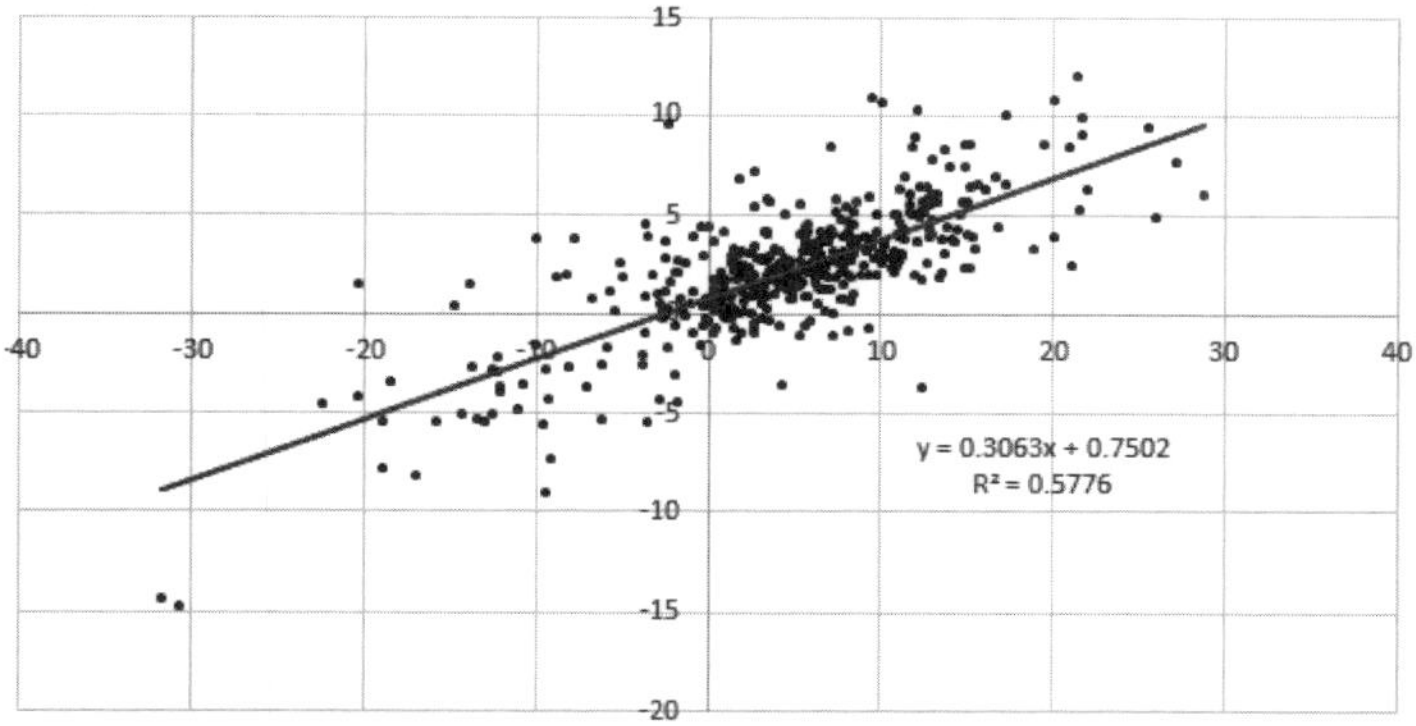

出所：ＯＥＣＤのデータより筆者作成

いる。また、人件費の高騰により、世界の工場としての魅力もなくなってきた。日本が１９８０年代に経験したような、産業構造の変革と経済の自由化を実施できなければ、チャイナ経済は沈んでいくしかないだろう。

意外な結論だが、米中貿易戦争による損失があるとしたら、それはチャイナ企業が一方的に負担している関税分程度ではなかろうか。それ以外の景気低迷の原因は、主に習近平の採用した誤った経済政策にあるのだ。

何でもかんでも米中貿易戦争のせいだとこじつけるのは、いい加減にやめた方がよい。

LOSS 23

タンカー爆発

原油価格が10ドル上昇するごとに
低下する日本の実質GDPは……

0.4~0.6%

減少

2019年6月、ペルシャ湾で日本に向けて原油を運んでいたタンカーが機雷攻撃を受ける事件が発生した。イランとアメリカの対立が激化するなか、おそらくイラン革命防衛隊か、その支援を受けた武装勢力が犯行に及んだと言われているが、真相は未だにハッキリしていない。ただ、この攻撃で、イランは、いざという時にはペルシャ湾を封鎖できる

2017年度の日本における一次エネルギーの国内供給構成

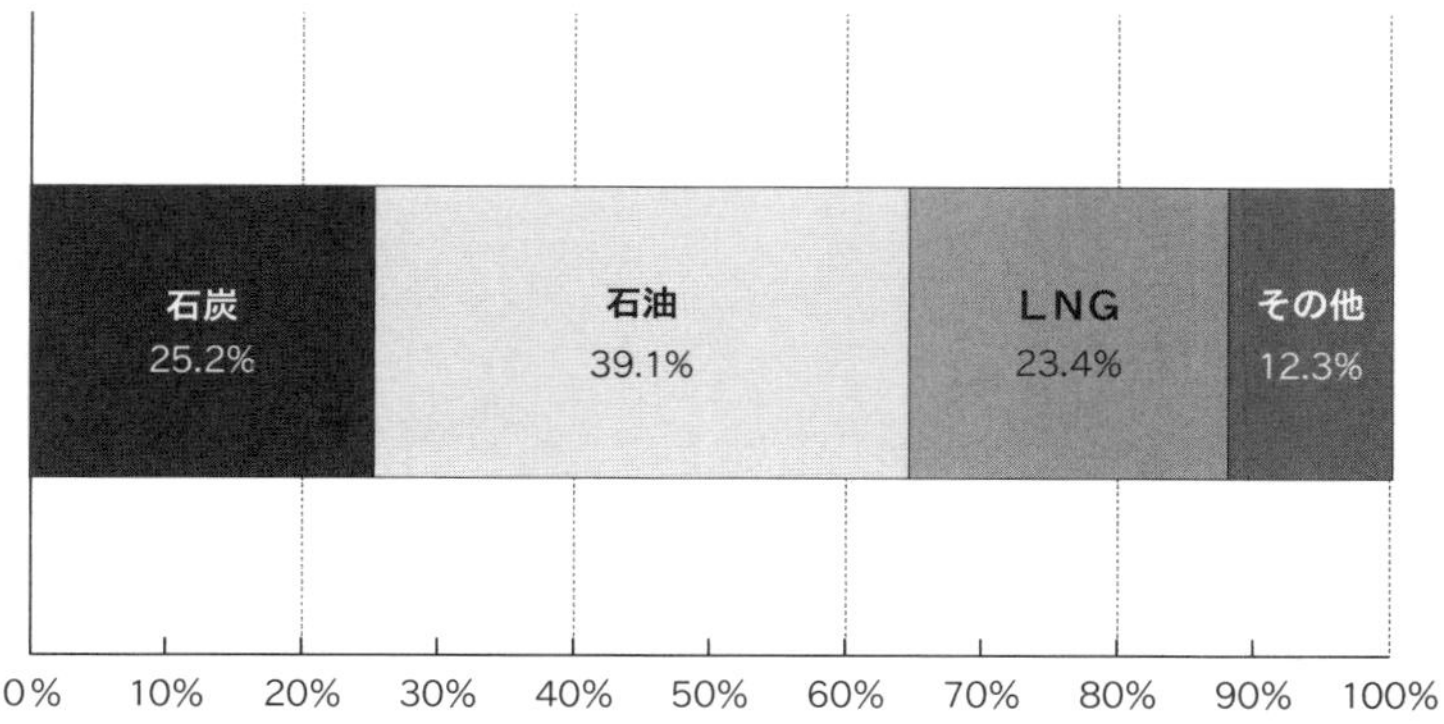

出所：エネルギー白書2019のデータをもとに筆者作成

能力があることを示した。それは強力な外交カードになったかもしれない（本当に強力なカードになったかどうかは、本稿を読み進めていただければわかるが……）。

ペルシャ湾の出口に位置するホルムズ海峡は、１日で約１７００万バレルもの石油が通過する。世界で海上輸送される石油の約35％がこの海峡を通り世界各国に輸出されている海上交通路の要衝である。

日本の場合、多くのエネルギー源を海外に頼っている。資源エネルギー庁の「エネルギー白書２０１９」によれば、２０１７年度の日本における一次エネルギーの国内供給構成は、石炭25・２％、石油39・１％、ＬＮＧ（液化天然ガス）23・４％である。なかでも石油は中東への依存度が高く、その割合は87％である。しかも、輸送の際にホルムズ海峡を絶対に通過しなければならないサウジアラビアとアラブ首長国連邦への依存度は飛びぬけている。それをホルムズ海峡依存度として見るなら、なんと80％にも達するそうだ。

日本の一次エネルギー供給源のなかで石油の占める割合は39・1％である。その8割がホルムズ海峡に依存しているということになると、ホルムズ海峡が完全封鎖された場合、単純計算で日本へのエネルギー供給が約32％減るという計算になる。

またＬＮＧの中東依存度は21％程度であるが、供給国はカタール、アラブ首長国連邦、オマーンの３カ国となっている。そのため、これらはすべてホルムズ海峡を通って日本に運ばれている。日本の一次エネルギー供給源のなかでＬＮＧの占める割合は23・４％なので、そのうち約２割が失われることは全体の約５％減となる。

つまり、ホルムズ海峡が封鎖されると、石油とＬＮＧだけでも単純計算で日本の一次エネルギー供給源の約37％が失われる。経済成長とエネルギー消費の間には基本的に正の相関関係があるため、もし、そんなことが起これば経済的な損失は計り知れない。その時点で日本経済はゲームオーバーだ。

しかし、現実にそんなことは起こり得るのだろうか？　この点についてＪＸ日鉱日石リサーチ（現・ＪＸリサーチ）が２０１５年に発表したレポートに興味深い指摘があった。

核開発問題を巡り欧米諸国から経済制裁を受けているイランだが、その報復措置として同海峡の封鎖という暴挙にでるかという点について検証したい。

第1に軍事力について。イラン軍の兵力だが米国がペルシャ湾岸地域に随時展開している第5艦隊と比較して格段の差があることは否めない。地対艦ミサイルや機雷を使用して同海峡の通峡を阻害することは可能だが、その影響は一時的なものに止まると考えられる。また、イランと政治的に対立するサウジを始め自国の原油輸出の大半をホルムズ海峡経由に依存しているUAE・クウェートなどの軍も米軍に加勢するであろう。

第2に、経済的側面から考察すると、欧米による経済制裁下にあるとはいえ、イランは例外的に特定国（中国・インド・韓国・日本・台湾・トルコなど）に対する原油輸出（上限100万BD）が認められている。これらの輸送は大半がホルムズ海峡を経由して行われており、イランにとって重要な収入源となっている（中略）。

従ってイラン自らの首を絞めることとなるホルムズ海峡封鎖という手段に打って出る可能性は、現時点において限りなくゼロに近いだろう。［エネルギー経済調査部「JXNRIエネルギー・環境レポート」（2015年7月）］

2017年にトランプ政権が誕生し、アメリカがイランとの核合意から一方的に離脱してもこの状況はあまり変わっていない。2019年6月の新たな制裁により、イランの石油生産量は半減しているが、それでも輸出は続いている。アメリカの経済制裁によって極端な資金不足に陥っているイランにとって、石油輸出は貴重な外貨の獲得源であることに変わりはない。ペルシャ湾を封鎖することは、これを自ら断つことを意味する。

仮にそんなことをすれば、イランの経済的苦境はより一層厳しいものになるだろう。IMFは2019年のイランの経済成長率をマイナス6%と予想している。インフレ率は年率45%に達する見込みだ。

そんな状況で本当にそんなことができるのか？　2019年6月のタンカー攻撃に続き、9月にはサウジアラビアの石油施設が攻撃されたが、それでも未だペルシャ湾封鎖に至っていない。やはり、これは最後の手段であって、まだこの段階でやるべきものではないようだ。

ちなみに、イラン・イラク戦争の時にも、イランによるホルムズ海峡の封鎖が懸念されたが、結局それは起こらなかった。戦争継続のために戦費調達は必須である。イランが外貨を稼ごうと思えば、石油を輸出するしかない。封鎖されなかったのは当然の帰結だった。もちろん、そのことを今のイランの権力者たちは忘れたわけではあるまい。

――原油価格が10ドル上昇すると日本のGDPは0・6％下がる――

とはいえ、中東では何が起こるかわからない。万が一、イランが自滅覚悟でホルムズ海峡を封鎖した場合についても一応は考えておこう。

前掲のレポートによれば、ホルムズ海峡が封鎖されても、ペルシャ湾岸諸国からの原油輸出はすべてストップすることはないそうだ。なぜなら、サウジアラビア（ペトロライン↓紅海）、ＵＡＥ（アブダビ原油パイプライン↓オマーン湾）、イラク（キルクーク・ジェイハン・パイプライン↓地中海）の３つのパイプラインが存在するからだ。これらのパイプラインを使えば1日で約７００万バレルの石油輸出は可能である。ホルムズ海峡を通過する石油が１７００万バレルであることを考えると、３分の1程度の輸出能力は残ることになる。

また、日本では不測の事態に備えて石油が備蓄されている。資源エネルギー庁によれば、２０１９年11月現在の石油備蓄は国家備蓄１３５日分、民間備蓄91日分、産油国共同備蓄４日分の合計２３０日分だ。仮に、ホルムズ海峡が封鎖されても7カ月以内であれば石油が足らなくなることはない。

主な機関による原油価格上昇の実質GDPへの影響試算

	原油価格上昇の想定		実質GDPへの影響 日本	アメリカ	中国	全世界
内閣府経済社会総合研究所（2004）	輸入価格50ドル		▲0.45%	-	-	-
国際エネルギー機関（2004）	10ドル上昇		▲0.4%	▲0.3%	▲0.8%	▲0.5%
アジア開発銀行（2004）	10ドル上昇		▲0.4〜5%	-	▲0.6〜0.8%	-
経済協力開発機構（2004）	15ドル上昇	実質金利一定	▲0.6%	▲0.55%	-	▲0.45%
		名目金利一定	▲0.35%	▲0.3%	-	▲0.25%
国際通貨基金（2000）	5ドル上昇		▲0.2%	▲0.4%	▲0.4%	▲0.3%

出所：内閣府政策統括官室

逆に、イランがホルムズ海峡を封鎖する時は、ほぼ全世界を敵に回して戦争をする時だ。イランは7カ月も持ちこたえられるだろうか？　現実的な脅威としてホルムズ海峡封鎖を考えても、あまり意味がないかもしれない。

とはいえ、ホルムズ海峡封鎖に至らなくても、中東での緊張が高まれば原油価格が上昇する可能性はある。そうなれば、日本経済にも少なからず影響がある。内閣府政策統括官室が作成した「日本経済２００４」というレポートのなかで、この点について上のような表を掲載している。

これらの試算を総合すると、原油価格が10ドル上昇するごとに日本の実質

ＧＤＰは０・４〜０・６％程度減少となるようだ。とはいえ、中東情勢の緊張から原油価格が上昇し続けることは難しいのではないだろうか。２０１９年のＯＰＥＣの市場シェアは37％にまで低下している。ホルムズ海峡が封鎖されて原油価格が一時的に高騰しても、残り63％の非ＯＰＥＣ諸国が増産すれば、それは一時的なもので終わるだろう。

世界的な需要の低迷で石油価格が大幅に下落したため、ＯＰＥＣとロシアは２０１９年初頭から減産に合意した。しかし、この合意は同床異夢である。ロシアは緊縮財政によって１バレル40ドルでも均衡財政が実現可能だが、サウジアラビアは80ドル程度の原油価格を必要としている。仮に、原油価格が70ドルに達した時、ロシアがこの合意から撤退するインセンティブは極めて高いと言わざるを得ない。先に撤退して増産すれば利益を独り占めできるからだ。

このように、原油価格は中東以外の産油国も含めたさまざまな思惑が交錯することによって決まっていく。ホルムズ海峡の事情がすべてを決定するわけではないし、仮にホルムズ海峡への脅威が原油価格を動かすとしても、その動きは単純ではないのだ。

LOSS 24

気候変動

平均気温が2℃上昇した場合
日本の損失額は……

385兆円
損失

気候変動について未だに懐疑論が跋扈《ばっこ》している。しかし、現時点における最新のデータによれば、温暖化懐疑論は肯定論に比べて説得力がない。かくいう私は肯定派→懐疑派→肯定派と揺れ動いている。元々肯定派だった私は一時懐疑派に転じたのだが、肯定派の再反論に対して懐疑派の再々反論には説得力がなかった。だから、再び肯定派に転じて現在に至っている。

一例を示そう。懐疑派で東京理科大学教授の渡辺正氏はＩＰＣＣ報告書（２０１３年）について、「ＪＢｐｒｅｓｓ」にアップされた論説（２０１３年10月23日）で以下のように述べていた。

❶報告書中の実測データを見ると、１９５１～２０１２年（62年間）のうち、気温が明確に上昇したのは１９７５～98年の24年間（40％弱）しかない。

❷１９９８年以降（ほぼ京都会議以降）の16～17年間は、権威ある数機関が発表する地上気温も、１９７９年以来の衛星観測気温も、横ばいのまま推移している。

❸過去17年間、室戸台風（１９３４年：上陸時９１１ヘクトパスカル）や枕崎台風（１９４５年：同９１６ヘクトパスカル）、伊勢湾台風（１９５９年：同９２９ヘクトパスカル）に肩を並べる強さの台風は日本に上陸しなかった。

❹ちなみに夏の北極の海氷面積は、ＩＰＣＣ予測を尻目にここ1年で60％も増え、過去10年間の最高を記録した。そんな事実が、温暖化科学の未熟さを語り尽くす。［ＪＢｐｒｅｓｓ（２０１３年10月23日）］

1850〜1900年の平均気温に対し何℃気温が上昇するか

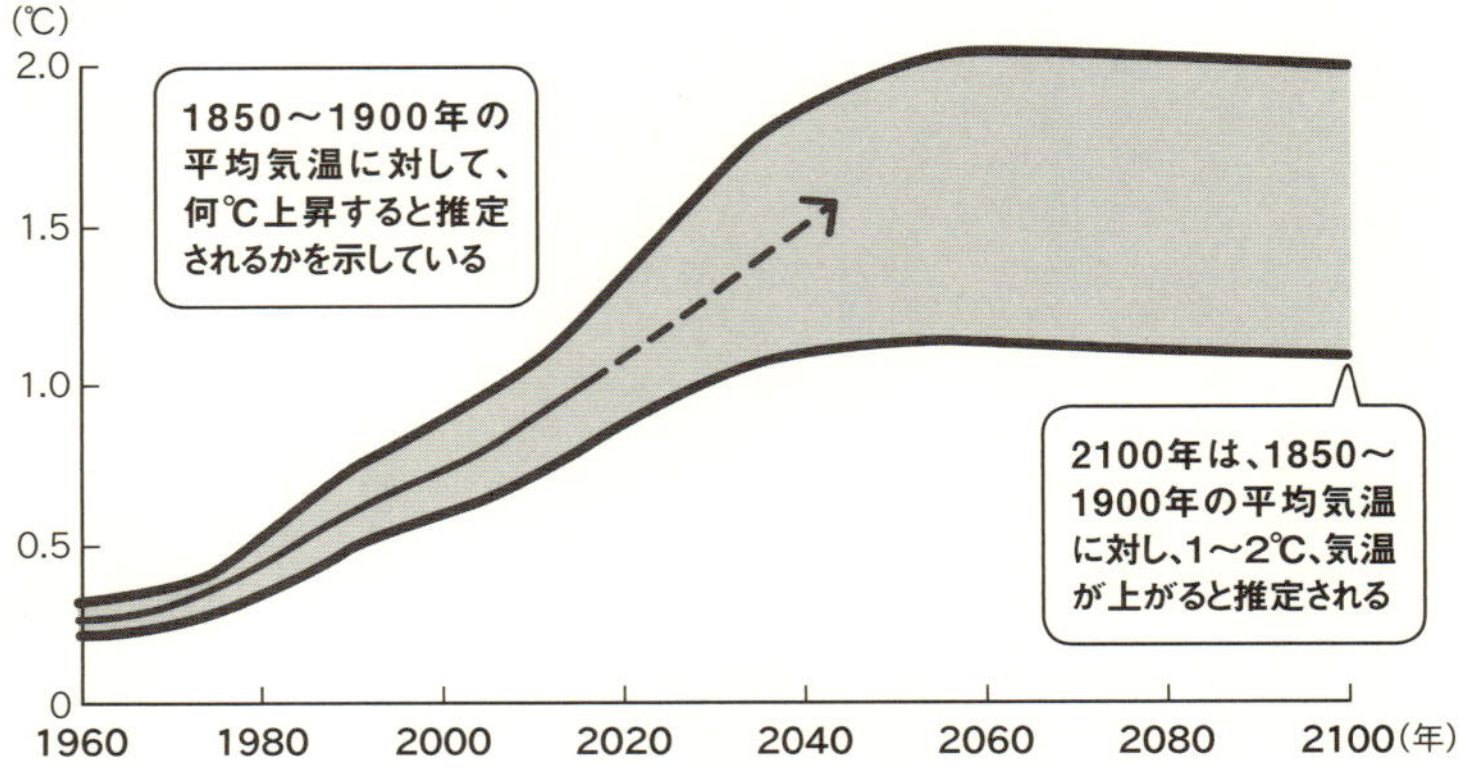
(℃)
2.0
1.5
1.0
0.5
0
1960
1980
2000
2020
2040
2060
2080
2100(年)
1850〜1900年の平均気温に対して、何℃上昇すると推定されるかを示している
2100年は、1850〜1900年の平均気温に対し、1〜2℃、気温が上がると推定される

出所：IPCC

それから6年以上の歳月が流れて、少なくとも❸については完全にハズれていることは私のような素人でも指摘できる。２０１８年に台風24号（９１５ヘクトパスカル）、２０１９年に台風19号（９１５ヘクトパスカル）が相次いで日本に上陸し、甚大な被害を与えているからだ。

また、問題の核心である❶と❷については、２０１８年のＩＰＣＣ「１・５℃特別報告書」の冒頭で完全に否定されている。同報告書によれば工業化以前からの長期的な気温上昇は続いており、２００６〜２０１５年の10年間に観測された世界全体の推定平均気温は、１８５０〜１９００年の期間の平均に比べて、０・87℃上昇した可能性が非常に高いとのことだ。もちろん、こ

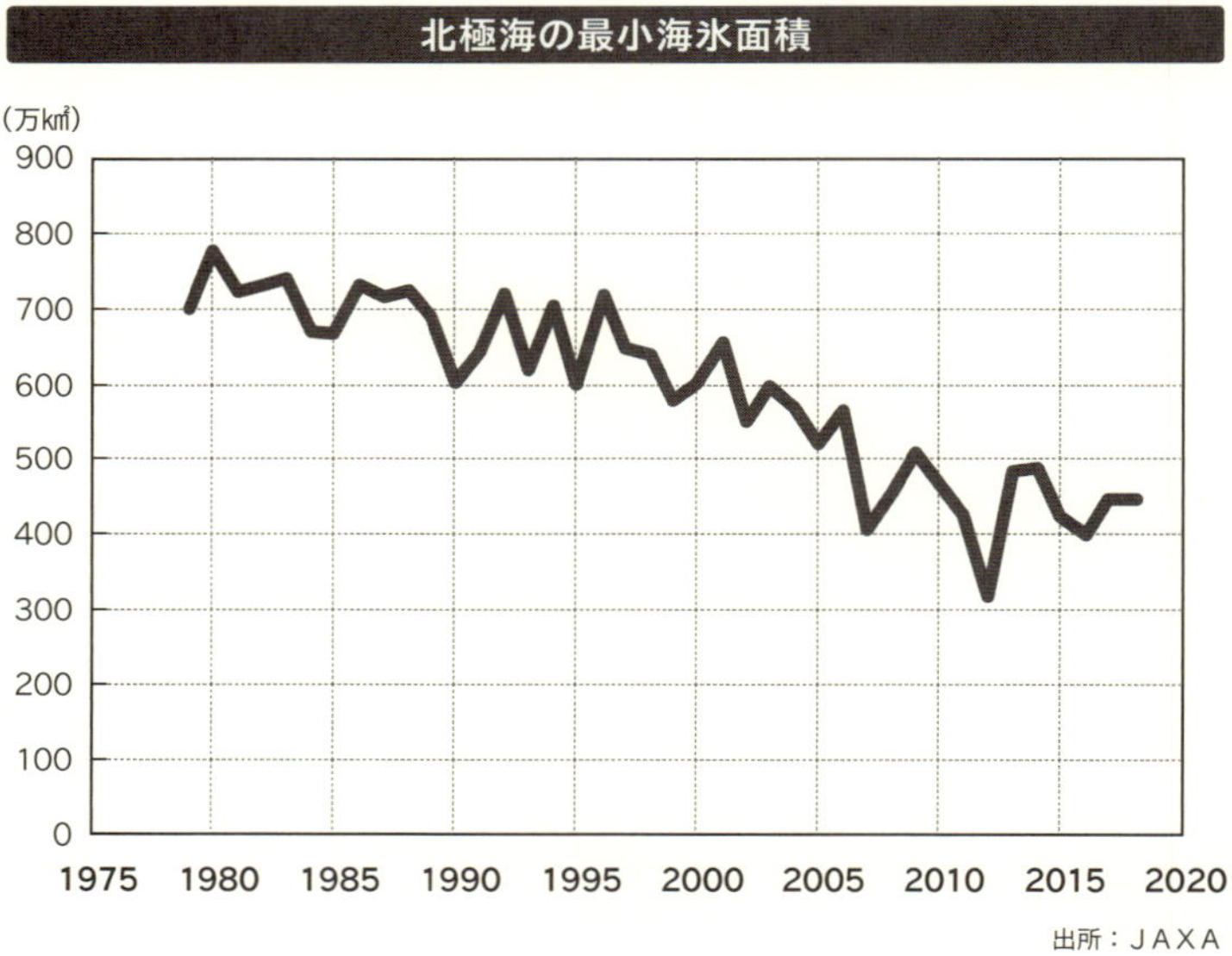

の気温データには「陸域及び海氷の表面付近の気温と、海氷のない海域の海面水温」のすべてが含まれている。その推移を２１００年まで推定したのが、右ページのグラフだ。

誰がどう見ても趨勢的に右肩上がりである。つまり、渡辺氏の❶と❷の反論はデータによって完全に否定された格好だ。

最後に❹についてだが、これも渡辺氏は特殊な1年だけを例にとって、趨勢的な変化を見ていないようだ。宇宙航空研究開発機構（ＪＡＸＡ）のデータを引用しておこう（上図）。

ちょうど渡辺氏が反論した２０１３年ごろに海氷面積が大幅に回復する特

異な1年があった。しかし、過去45年の趨勢で見れば右肩下がりであることは明らかだ。2013年に北極の海氷面積が増加したというのはウソではないが、それは長期的なトレンドを無視した、かなり乱暴な評価である。

地球が温暖化していないと主張するのは構わないし、IPCCも大いに反論すべきだと思うが、私のような素人にでも見つかるような穴だらけの反論なら時間の無駄だ。私の知る限り、「温暖化はない」と主張する懐疑派の主張はこのレベルのものばかりで、相手にしても時間の無駄である。

――年々修正されていく温暖化の「過剰演出」――

とはいえ、懐疑派には別の切り口で反論する人もいる。彼らは、温暖化の事実を認めつつも、それで何か特別なことが起こるわけではないと主張する人々だ。あえて言えばこちらの方がまだ反論として筋がよい。

実際にIPCCの過去の推定平均気温を表すグラフは過剰に演出されていたと言えなくもない。2001年以降の報告書を詳しく見てみると、年が下るごとに「過剰演出」が修正されているのは事実だ。

1961〜1990年の平均気温との気温差（2001年発表）

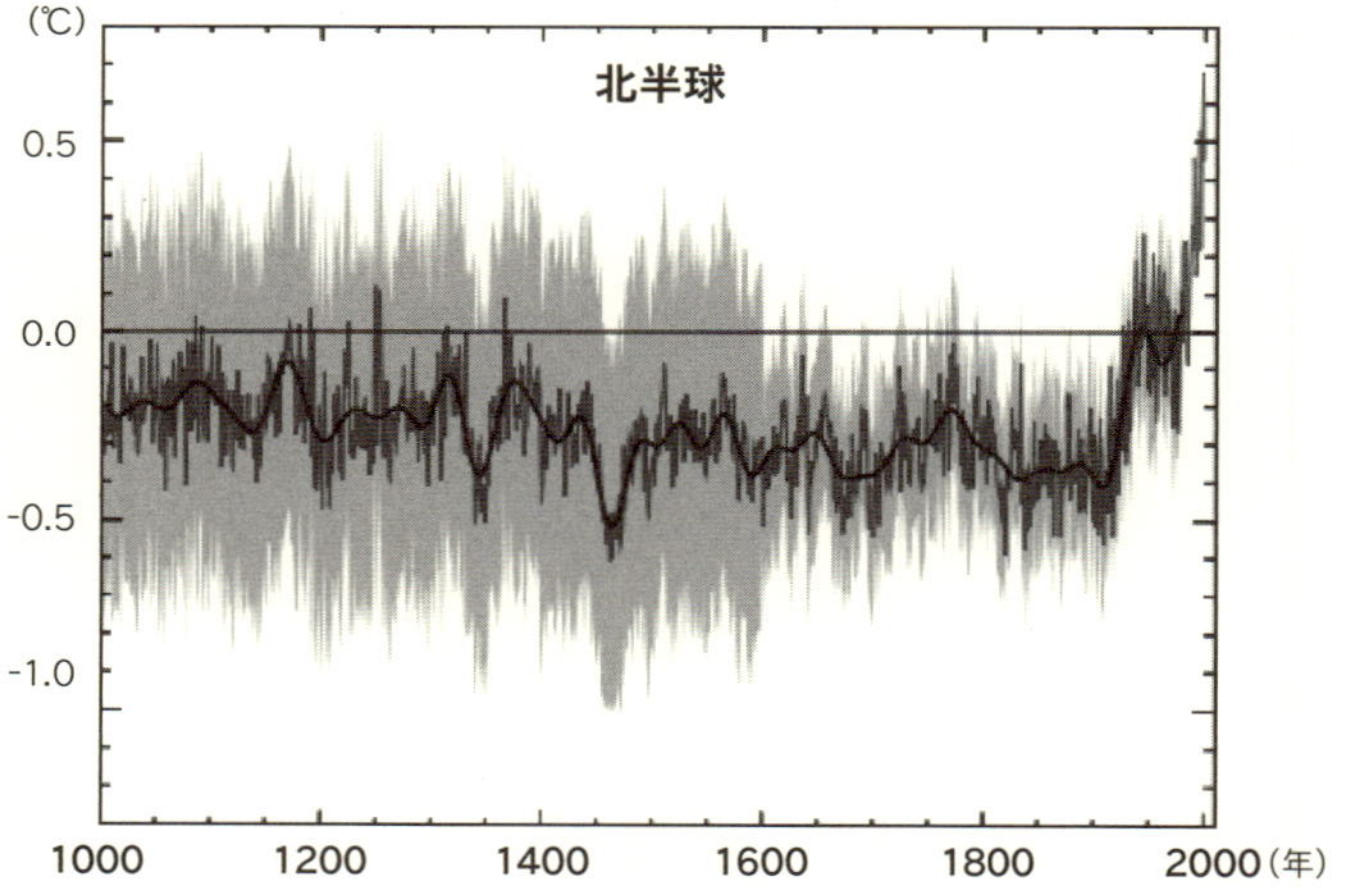

出所：ＩＰＣＣ

例えば、２００１年の報告書では地球温暖化が、❶過去に類を見ない、❷急激な気温上昇、であることが強調されていた。その象徴がいわゆる「ホッケースティック曲線」である。

上のグラフの通り、過去１０００年の平均気温が横ばいだったのに対して、ここ最近の気温が急激に上昇していることを表している。

ところが、この「ホッケースティック曲線」は明らかにやり過ぎだった。世界中の科学者から一斉にツッコミを入れられ、２００７年の報告書からはあっさり消えてしまった。❶過去に類を見ない、❷急激な気温上昇、という２つの要素のうち、❷の要素がかなり

1961〜1990年の平均気温との気温差（2007年発表）

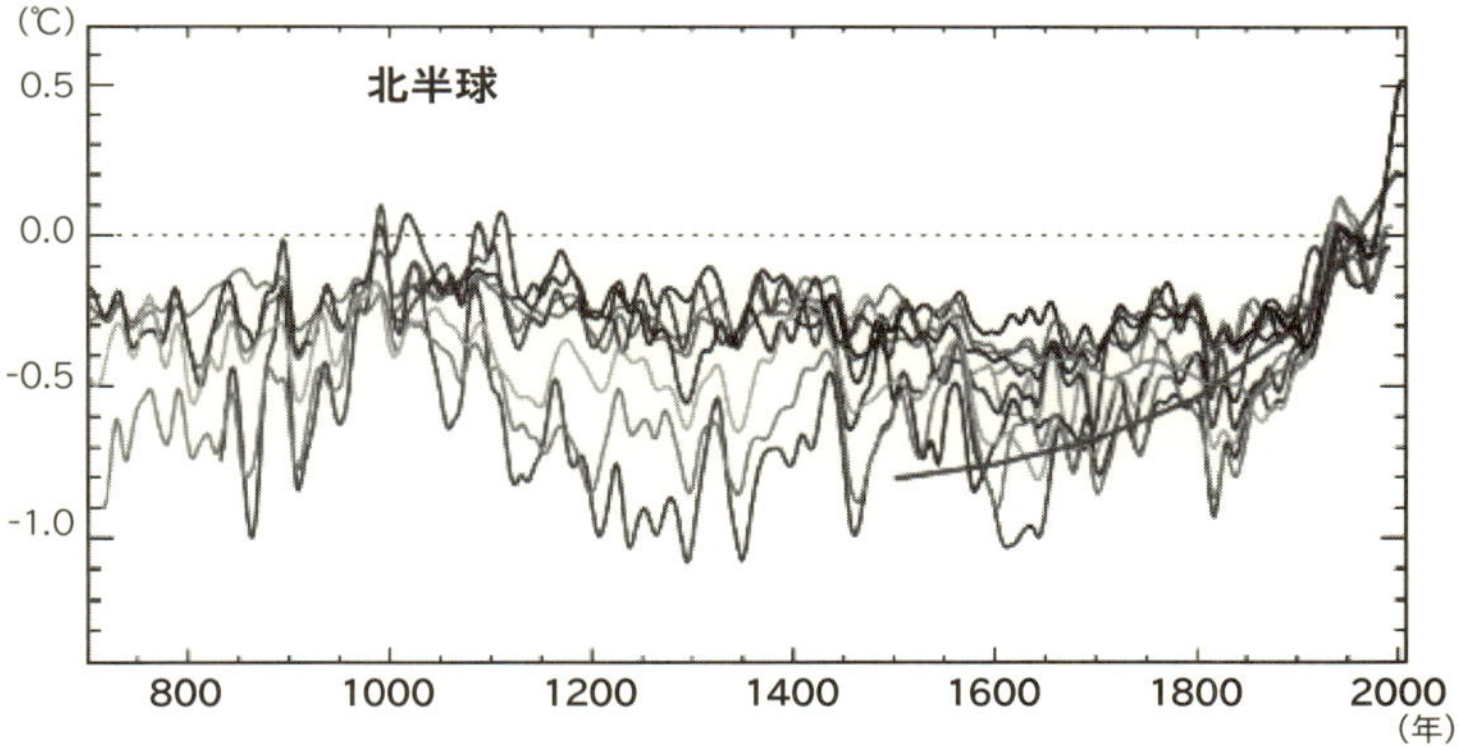

出所：ＩＰＣＣ

マイルドな形に修正されたのだ。

実際に２００７年報告書に掲載されていたグラフ（上図）を確認してみよう。

２００１年に比べて、２００７年の方が気温の上がり方がかなり緩やかになっている。ところが、２０１３年になると、西暦１０００年前後の推定平均温度は現在とあまり変わらないぐらい高いことが示されるようになった。❶過去に類を見ない、❷急激な気温上昇、という2つの要素のうち、❶までもが修正されることになってしまったのだ。２０１３年報告書の第5章に掲載された実物のグラフ（左図）で確認してほしい。

確かに、２００７年報告に比べて２０１３年報告の方が、西暦１０００年前後の時

1881〜1980年の平均気温との気温差（2013年発表）

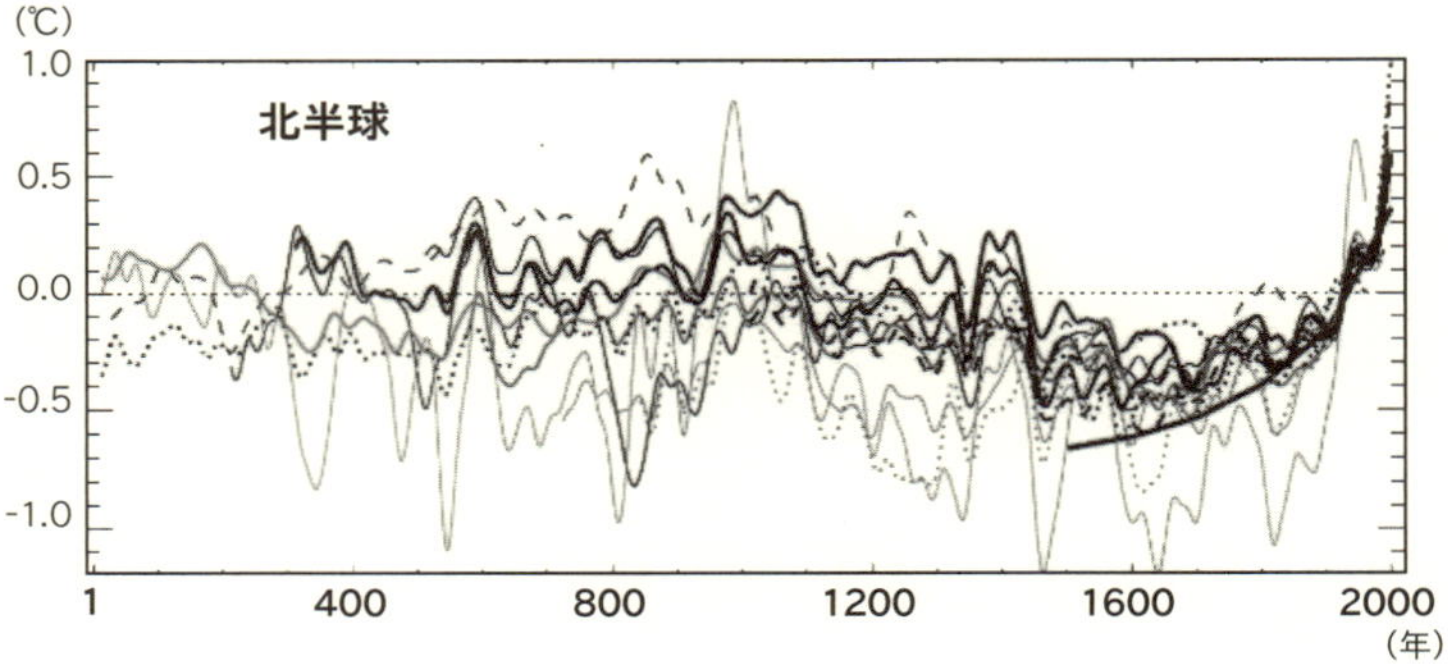

出所：ＩＰＣＣ

代の気温がかなり高くなっている。ＩＰＣＣとしては、これは過剰演出を修正したものではなく、あくまでデータをアップデートした結果だと主張するだろう。確かに、気候の復元研究が進み、正確なデータが反映されるのはよいことだ。とはいえ、少なくともＩＰＣＣが２００１年報告書で主張していた❶過去に類を見ない、❷急激な気温上昇、という２つの要素は相当程度マイルドに修正されたのは事実だ。もちろん、修正されたとはいえ地球の平均気温が右肩上がりであることには変わりがないが……。

急激にではなくマイルドであったとしても、世界的な平均気温の上昇は大きな経済的損失をもたらすかもしれない。ＩＰＣＣ「１・５℃特別報告書」は、２１００年時

点の地球温暖化による世界全体の損失額の現在価値は、54兆ドルとの試算を公表している。ただし、これはあくまで地球温暖化を1・5℃に抑えた場合の話で、もし2℃まで行ってしまった場合だと、それは69兆ドルに膨れ上がるそうだ。

日本のGDPは世界全体の4・9％なので、損失額の現在価値は1・5℃に抑えた場合で約2・5兆ドル（約275兆円）、2℃に達した場合は約3・5兆ドル（約385兆円）となる。日本のGDPは現在約500兆円なので、これが事実なら由々しき問題だ。

――気候変動ビジネスは巨大マーケットになっている――

このほかにも、気候変動による損失推計にはさまざまなものがある。主なものを以下にまとめておこう。

・英環境NPO、CDP（2018年）　5年で107兆円
・国連（2018年）　20年で252兆円
・アメリカ政府（2018年）　今世紀末まで年間数千億ドル（数十兆円）の損失
・国際労働機関（2019年）　2030年までに世界で計2兆4000億ドル（約260兆円）の経済損失

各機関の推計値は累計値からその現在価値まで、さまざまであるが、世界規模で数十兆から数百兆円単位の損失が出ると推計している。いずれの値を取っても、その損失は莫大な金額になる。そして、この莫大な金額は常に大きなビジネスチャンスでもある。

ひとつ目の推計値を算出したＣＤＰという団体は、この分野では老舗の国際ＮＧＯであり、そのビジネスチャンスを生かした出世頭だ。主な業務はＥＳＧ投資（環境Environment、社会Social、企業統治Governance）に必要な情報を世界中の機関投資家に配信することで、２０１６年の時点でこの団体の情報を参照している機関投資家は世界中に８２７、その運用総額は１００兆ドル（約１京１０００兆円）にも上る。

ＣＤＰの公式サイトによれば、営業所は世界各地に存在し、日本企業も２００６年からカバレッジ対象になったそうだ。国際ＮＧＯというと聞こえはよいが、ここまで来るとある種の多国籍企業のような雰囲気である。環境をネタに格付けで食ってるだけではないかと思えるのだが、気のせいだろうか？

一般庶民がワイドショー的な感覚で肯定論、懐疑論をぶつけ合っている陰で、頭の切れる連中は儲かる仕組みを考えていた。すでにそれは国際的な巨大マーケットと化しており、乗り遅れた人は儲け損なった。環境問題を見るにつけ、資本主義の厳しさを感じるのは気のせいだろうか。地球の未来も金次第なのだ。

おわりに

解決のための情報はタダで転がっている

本書を執筆する際に引用した資料は、ほぼすべてインターネット上に無料で公開されているものである。もちろん、インターネット上にあっても有料の資料や、どうしてもインターネット上では入手できず国立国会図書館で紙の資料を取り寄せたこともあったが、全体から見ると、それはごく一部である。

もしインターネットがこれほど普及していなければ、極めて短時間にここまで大量の資料を入手することはできなかったであろう。

これらの重要な資料は、ごく稀に新聞記事やテレビのワイドショーで紹介されることがあるかもしれない。しかし、仮にあったとしても、その扱いはあまり大きくない。報道の倫理として利権問題は取り上げざるを得ないが、あまり国民に関心を持たれるとマズイ。マスコミはいつの間にか「利権を持つ人々」の側に堕してしまったのだ。本当に恐ろしい

ことだ。
令和元年の年末、国会で本来議論すべきは消費税増税による景気への悪影響だった。景気の悪化は雇用の悪化を招き、雇用の悪化は国民の死に直結する。「桜を見る会」で人は死なないが、消費税増税では人が死ぬ。どちらのニュースに重みがあるかは自明だ。ところが、報道機関に勤めている偏差値の高い大学を出た「じゃーなりすと」諸君は、こんな簡単なこともわからないらしい。そして、そんなマスコミに改善を期待しても無駄だ。「利権を持つ人」側にいる彼らに問題を解決する気はないからだ。

インターネット上にタダで転がっている情報をよく吟味すれば、現時点で最も確からしい問題の原因は特定できるし、それに対する解決策も提示することは可能だ。もはや我々にマスコミのフィルターは不要ではないだろうか。本書はそのことの実践的な例を示す試みだ。

もちろん、私の分析に誤りがあるかもしれないし、データの解釈を間違った部分があるかもしれない。そのような指摘を受けたら、さらに調べて、よりよい解決策を探るだけのことだ。その方がバカ騒ぎよりずっと建設的だし、時間の節約にもなるのではないか？「桜を見る会」のバカ騒ぎを見るにつけ、そう思う今日このごろである。

■著者プロフィール

上念 司（じょうねん・つかさ）

1969年、東京都生まれ。中央大学法学部法律学科卒業。在学中は創立1901年の弁論部・辞達学会に所属。日本長期信用銀行、臨海セミナーを経て独立。2007年、経済評論家・勝間和代と株式会社「監査と分析」を設立。取締役・共同事業パートナーに就任(現在は代表取締役)。2010年、米国イェール大学経済学部の浜田宏一教授に師事し、薫陶を受ける。金融、財政、外交、防衛問題に精通し、積極的な評論、著述活動を展開している。近著に『もう銀行はいらない』（ダイヤモンド社）、『経済で読み解く日本史』（飛鳥新社）、『官僚と新聞・テレビが伝えない じつは完全復活している日本経済』（SBクリエイティブ）など多数。

誰も書けなかった日本の経済損失

2020年1月30日 第1刷発行

著者 上念 司

発行人 蓮見清一
発行所 株式会社宝島社
〒102-8388 東京都千代田区一番町25番地
電話(営業)03-3234-4621(編集)03-3239-0926
https://tkj.jp

印刷・製本 サンケイ総合印刷株式会社

ISBN978-4-299-00058-3